חֲבֵרִים בְּעִבְרִית

חַגֵּי תִּשְׁרֵי, חֲנוּכָּה, ט"ו בִּשְׁבָט, פּוּרִים, פֶּסַח, שָׁבוּעוֹת, יִשְׂרָאֵל

Developed for the Union for Reform Judaism
Hebrew Curriculum Project
Funded by a grant from the Jim Joseph Foundation

FRIENDS IN HEBREW

HOLIDAYS IN HEBREW I

Developed for the Union for Reform Judaism
Hebrew Curriculum Project
Funded by a grant from the Jim Joseph Foundation

© All rights reserved.

Curriculum Developer: Mira Owen
Writers: Ronit Ben-Ari, Nechama Baras
Cowriter: "Shavuot chapter" - Esther Bruner
Graphics & Illustrations: Joe Weis
Copy Editing: Mazal Cohen
Photos: Abe Rosenfeld
Government Press Office: Kluger Zoltan
Initial Project Coordinator (2000-2004): Lesley Litman
Director of the Department of Lifelong Jewish Learning of the Union for Reform Judaism: Rabbi Jan Katzew

חברים בעברית

חגים בעברית I

התכנית ללימוד השפה העברית פותחה ביוזמת המחלקה
לחינוך יהודי של ה-UAHC.
התכנית ממומנת ע"י קרן ג'ים ג'וזף.

© כל הזכויות שמורות.

ריכוז וכתיבה: מירה אואן
צוות כתיבה: רונית בן-ארי, נחמה ברס
בכתיבת הפרק על שבועות השתתפה אסתר ברונר.
עיצוב ואיור: יוסי וייס
צילום: אייב רוזנפלד, דן אואן
עריכה לשונית: מזל כהן
ריכוז הפרוייקט (2004-2000): לסלי ליטמן
מנהל מחלקת החינוך היהודי:
הרב יונה קאצו

© כל הזכויות על השירים והסיפורים בחוברת זו שמורות
למחברים ולאקו"ם.

מסיבת חנוכה מיוחדת / תמר בורנשטיין לזר. כל הזכויות שמורות למחברת.
ריקוד עצי הגן / אמיתי נאמן. כל הזכויות שמורות למחבר, למפעלי תרבות וחינוך ולאקו"ם.
סלינו על כתפינו / לוין קיפניס / ידידיה אדמון. כל הזכויות שמורות למחברים, למפעלי תרבות וחינוך ולאקו"ם.
ירושלים הקדושה ועולים לרגל לירושלים / מתוך הכל חדש ג' - מטיילים בארץ. כל הזכויות שמורות למט"ח ולמשרד החינוך, האגף לתכניות לימודים.

השתדלנו לאתר ולציין את כל בעלי הזכויות לטקסטים בחוברת זו. אנו מתנצלים מראש על כל טעות או השמטה, ונתקן במהדורה הבאה.

תוכן העניינים

על החוברת

החוברת **חגים בעברית I** מיועדת לילדים בכיתות ב-ג. רמת העברית מקבילה לזו של התכנית **חברים בעברית** יחידות 1-3.

בחוברת שבעה פרקים: חגי תשרי, חנוכה, ט"ו בשבט, פורים, פסח, ישראל, שבועות. את הקטעים הקשורים **לישראל** אפשר ללמד סמוך ליום העצמאות וגם בכל זמן אחר.

החוברת מזמנת קטעים מסוגים שונים: סיפור, שיר, סיפור עם, קטע מידע, משחק ושעשוע וקטע מן המקורות.

בחלק מהפרקים בחוברת מובאים קטעים מן המקורות בצד העיבוד של אותם קטעים, מתוך מחשבה שתלמידים מתקדמים יוכלו לעיין גם במקור ולהבין חלקים ממנו. בדרך זו הם יוכלו לחוש (בעזרת המורים) את העברית ההיסטורית ואת קשריה לעברית של ימינו. גם בשירים של משוררים ישראלים יש אתגר למורה ולתלמיד. למרות הקושי הלשוני והתוכני חשוב שהילדים ייפגשו עם אוצרות התרבות הישראלית. בחוברת I יש טקסטים ברמה בסיסית של מתחילים בעברית.

בכל שנה המורים יבחרו אילו טקסטים מכל חג הם רוצים ללמד. המורים יכולים להחליט להתרכז רק בחג אחד או בשניים וללמד את הטקסטים הקשורים לחגים אלה.

הדגש בחוברת מושם יותר על תכנים הקשורים לחגים ופחות על הוראת לשון פורמלית. הפעילויות הן בעיקר פעילויות של הבנת הנקרא והבעה בעקבות התוכן של הקטע. על המורים להתמקד במשמעות של הטקסטים ולא להקדיש זמן רב מדי לתרגול לשוני.

חַגֵּי תִּשְׁרֵי: רֹאשׁ הַשָּׁנָה, יוֹם הַכִּיפּוּרִים, סוּכּוֹת

א. אוֹרְחִים לֶחָג / מִילִים: לֵוִין קִיפְּנִיס לַחַן: מַארְק וַרְשַׁבְסְקִי

יוֹם טוֹב לָנוּ, חַג שָׂמֵחַ,
יְלָדִים בְּגִילָה נָא!
לְסֻכָּתֵנוּ בָּא אוֹרֵחַ:
אַבְרָהָם אָבִינוּ, בָּרוּךְ הַבָּא!
יַחַד אֶת הֶחָג נָחֹג
בְּלוּלָב, הֲדַס, אֶתְרוֹג,
הוֹ, הָאָח, נִשְׂמַח מְאֹד
וּבְמַעְגָּל נִרְקֹד.

יוֹם טוֹב לָנוּ...
יִצְחָק אָבִינוּ, בָּרוּךְ הַבָּא!...
יַעֲקֹב רוֹעֵנוּ, בָּרוּךְ הַבָּא!...
מֹשֶׁה רַבֵּנוּ, בָּרוּךְ הַבָּא!...
דָּוִד מַלְכֵּנוּ, בָּרוּךְ הַבָּא!...
יוֹסֵף הַצַּדִּיק, בָּרוּךְ הַבָּא!...
אַהֲרֹן הַכֹּהֵן, בָּרוּךְ הַבָּא!...

למורה:
הפרק חגי תשרי כולל טקסטים ופעילויות אלה: לכל חגי תשרי - משחק על מנהגים (ב), לראש השנה - פעילות כתיבת ברכות (ג) ושיר (ד), ליום כיפור - סיפור בדיחה (ה), סיפור עם (ו), לסוכות - שיר (לזמרה) (א) וסיפור (ז).
על המורים להפעיל שיקול דעת ולבחור מתוך המגוון את מה שמתאים לכיתתם. הטקסטים מבוססים על ההנחה שלילדים יש ידע קודם על כל חג. כדאי לשוחח שיחה מקדימה שבה יועלו הידע והניסיון של הילדים. אפשר לשלב קטעים מן הפרק הזה בחגיגות הכיתה או בית הספר.

א: כדאי לשיר את "אורחים לחג" לפני חג הסוכות. בשיר מוזכרים האושפיזין שבאים לבקר בסוכה לפי המסורת. כדאי לשוחח על כך עם הילדים.
בעת הקניית השיר הילדים יכולים להצטרף בכל פעם כשהם קוראים את שם האורח, למשל: "יצחק אבינו ברוך הבא".
משחק סוכה בתנועה: כל הילדים במעגל אוחזים ידיים כסוכה ענקית, ורוקדים במעגל עם הבית הראשון בשיר. אפשר להזמין ילדים שיהיו "אושפיזין". כל ילד מהאושפיזין שקוראים בשמו רוקד באמצע המעגל עם הפזמון.

ב. מִשְׂחָק - חַגֵּי תִּשְׁרֵי

קוראים

בְּרֹאשׁ הַשָּׁנָה
וּבְיוֹם כִּיפּוּר
אֲנַחְנוּ שׁוֹמְעִים
אֶת הַ__________.

תַּפּוּחַ בִּדְבַשׁ

בְּחַג הַסּוּכּוֹת
אֲנַחְנוּ יוֹשְׁבִים
וְאוֹכְלִים
בַּ__________.

אֶתְרוֹג

בְּרֹאשׁ הַשָּׁנָה
וּבְכׇל חוֹדֶשׁ תִּשְׁרֵי
אֲנַחְנוּ אוֹמְרִים זֶה לָזֶה:
__________.

שׁוֹפָר

בְּחַג הַסּוּכּוֹת
אֲנַחְנוּ מְבָרְכִים
עַל __________.

סֵפֶר תּוֹרָה

בְּשִׂמְחַת תּוֹרָה
אֲנַחְנוּ רוֹקְדִים
עִם __________.

שָׁנָה טוֹבָה

בְּרֹאשׁ הַשָּׁנָה
אֲנַחְנוּ אוֹכְלִים
__________.

סוּכָּה

למורה:
על כל כרטיס יש במלבן הירוק פריט ששייך לחגי תשרי. במלבן הצהוב יש משפט שמתייחס לפריט אחד. אין התאמה בין הפריט והמשפט באותו כרטיס.
מהלך המשחק בזוגות (אפשר גם לילד יחיד)**:** ילד א בוחר מלבן צהוב אחד בתוך כרטיס וקורא את המשפט בקול רם. הוא מסמן בעיפרון ↗ ליד המשפט שבחר כדי שידעו בהמשך מה היה כרטיס ההתחלה. ילד ב מוצא במלבן ירוק את הפריט שמתאים למשפט. אותו ילד (ב) נשאר באותו כרטיס וקורא בקול את המשפט שנמצא עליו בחלק השני בצבע צהוב. עתה ילד א מחפש את הפריט המתאים (בירוק) בכרטיס אחר. שוב עוברים לקריאת המשפט באותו כרטיס וכך הלאה. מסמנים את כל הכרטיסים שנקראו. אם חוזרים בסוף המשחק לפריט (בירוק) שבכרטיס שנבחר ראשון, סימן שהשלימו נכון את כל המשפטים. במשחק אפשר להתחיל מכל משפט בכרטיס שבוחרים.
אפשר גם לשחק בקבוצה. לשם כך המורים צריכים להכין כרטיסים גדולים מאוד, מחולקים לשניים, לכתוב עליהם בשני צבעים פריט ומשפט ולהניח את הכרטיסים במפוזר על הרצפה.
* הצעה נוספת לתלמיד יחיד: הילדים יכולים לכתוב את המילים המתאימות למשפטים במלבנים הצהובים. המילים המתאימות מופיעות במלבנים הירוקים. הילדים יכולים לצייר את הפריטים המתאימים על דף נייר.

ג. בְּרָכוֹת לַשָּׁנָה הַחֲדָשָׁה

כּוֹתְבִים בַּחֲרוּ 3 בְּרָכוֹת מִתּוֹךְ הַמַּלְבֵּן הַצָּהוֹב, כִּתְבוּ כָּל בְּרָכָה בְּכַרְטִיס אֶחָד. אַתֶּם יְכוֹלִים לִכְתּוֹב בְּרָכָה אַחֶרֶת שֶׁאֵין פֹּה.

שֶׁתִּתְחַדֵּשׁ עָלֵינוּ שָׁנָה טוֹבָה וּמְתוּקָה	שָׁנָה טוֹבָה לְכָל הַמִּשְׁפָּחָה
שָׁנָה טוֹבָה לְכָל עַם יִשְׂרָאֵל	שָׁנָה טוֹבָה וּמְתוּקָה
שָׁנָה טוֹבָה, שְׁנַת בְּרִיאוּת וְשִׂמְחָה	שָׁנָה טוֹבָה, שְׁנַת שָׁלוֹם בָּעוֹלָם
	שָׁנָה טוֹבָה, שֶׁיִּהְיֶה רַק כֵּיף!
בְּרָכוֹת לַשָּׁנָה הַחֲדָשָׁה	שָׁנָה טוֹבָה, שְׁנַת הַצְלָחָה בַּלִּימוּדִים

למתפללים בבית הכנסת   לְחָבֵר טוֹב אוֹ לַחֲבֵרָה טוֹבָה

לַמּוֹרֶה:
כְּדַאי לִקְרוֹא עִם הַיְלָדִים אֶת כָּל הַבְּרָכוֹת וּלְהַסְבִּיר אֶת הַמִּילִים הַחֲדָשׁוֹת. אֵין צוֹרֶךְ לְהַסְבִּיר צוּרוֹת מוּרְכָּבוֹת כְּמוֹ סְמִיכוּת (שְׁנַת). אֶפְשָׁר לְלַמֵּד אֶת הַפֹּעַל **מֵאַחֵל וּמְאַחֶלֶת.** בַּפְּעִילוּת הַזֹּאת הַיְלָדִים יִשְׁתַּמְּשׁוּ בְּנוּסְחִים מְקוּבָּלִים שֶׁל בְּרָכוֹת וְכֵן יוֹסִיפוּ בְּרָכוֹת מִשֶּׁלָּהֶם. הַיְלָדִים יִבְחֲרוּ אֶת הַנְּעִימָה לַבְּרָכָה הָאַחֲרוֹנָה בְּעַמּוּד 7.

לַמִּשְׁפָּחָה שֶׁלִּי

לִמְדִינַת יִשְׂרָאֵל

לַמּוֹרִים בְּבֵית הַסֵּפֶר

ל__________________

ד. מַתָּנָה לְרֹאשׁ הַשָּׁנָה / לֵאָה נָאוֹר

קוראים

צִפּוֹר אַחַת קְטַנָּה
שָׁלְחָה אֵלַי נוֹצָה.
רָצִיתִי לְהַחֲזִיר,
אָמְרָה לִי: לֹא רוֹצָה.
זֹאת מַתָּנָה לְרֹאשׁ הַשָּׁנָה,
שֶׁתִּהְיֶה לְךָ שָׁנָה יָפָה וְנֶחְמָדָה
וְגַם לִי.
תּוֹדָה.

צִיפּוֹר
שָׁלְחָה (לִשְׁלוֹחַ)
נוֹצָה
רָצִיתִי - רוֹצֶה
לְהַחֲזִיר
תִּהְיֶה

עָנָן אֶחָד אָפֹר
שָׁלַח טִפָּה קְטַנָּה,
טִפָּה אַחַת קְטַנָּה,
בִּכְלָל לֹא בָּעוֹנָה.
זֹאת מַתָּנָה לְרֹאשׁ הַשָּׁנָה,
שֶׁתִּהְיֶה לְךָ שָׁנָה יָפָה וְנֶחְמָדָה
וְגַם לִי.
תּוֹדָה.

עָנָן
טִיפָּה
עוֹנָה

למורה:
הסבירו את המילים החדשות (אפשר להיעזר בציורים).
לפני קריאת השיר קראו את הכותרת ושוחחו עם הילדים על מתנות לראש השנה.
כדאי לקרוא את שתי השורות הראשונות בכל בית.
אפשר לשאול: **מי נותן את המתנות לראש השנה בשיר? מה המתנות?**
אחר כך אפשר לקרוא את כל השיר ולבקש מהילדים למצוא את השורות החוזרות בכל הבתים (4 השורות האחרונות בכל בית).

עָנָף אֶחָד נָמוּךְ
שָׁלַח עָלֶה אָדֹם.
רָצִיתִי לְהַחֲזִיר,
אָמַר לִי: מַה פִּתְאֹם?
זֹאת מַתָּנָה לְרֹאשׁ הַשָּׁנָה,
שֶׁתִּהְיֶה לְךָ שָׁנָה יָפָה וְנֶחְמָדָה
וְגַם לִי.
תּוֹדָה.

עָנָף
נָמוּךְ
עָלֶה
מָה פִּתְאוֹם?

יַלְדָּה אַחַת יָפָה
צִיְּרָה לִי עַל הַחוֹל
שֶׁמֶשׁ עִם גִּבְעוֹל.
זֹאת מַתָּנָה לְרֹאשׁ הַשָּׁנָה,
שֶׁתִּהְיֶה לְךָ שָׁנָה יָפָה וְנֶחְמָדָה
וְגַם לִי.
תּוֹדָה.

צִיְּרָה (לְצַיֵּר)
גִּבְעוֹל

עוֹד בַּיִת לַשִּׁיר / מֵאֵת ______________________

____

____

____

____

____

____

1. כִּתְבוּ בַּטַּבְלָה לְפִי הַשִּׁיר. (הַמַּתָּנוֹת בַּמַּלְבְּנִים הַוְּרוּדִּים.)

מִי?	נוֹתֵן / נוֹתֶנֶת	מָה הַמַּתָּנָה?
הַצִּיפּוֹר	נוֹתֶנֶת	
הֶעָנָף		
הַיַּלְדָּה		
הֶעָנָן		

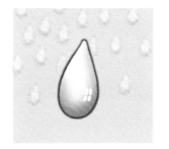

2. כִּתְבוּ אֶת הַבְּרָכָה לְרֹאשׁ הַשָּׁנָה (מִן הַשִּׁיר):

שֶׁתִּהְיֶה ______________________________

____

3. לְפִי הַמִּילָה לָךְ (בְּשׁוּרָה 6) אֲנַחְנוּ יוֹדְעִים שֶׁהַצִּיפּוֹר נוֹתֶנֶת מַתָּנָה לְ ______________

יֶלֶד / יַלְדָּה

4. כִּתְבוּ בַּמַּלְבֵּן הַיָּרוֹק בְּעַמּוּד 9 עוֹד בַּיִת לַשִּׁיר. אַתֶּם בּוֹחֲרִים עַל מָה לִכְתּוֹב.
אַתֶּם יְכוֹלִים לִכְתּוֹב עַל יָם אוֹ עַל שֶׁמֶשׁ אוֹ עַל חֲלוֹם.

למורה:

- **תרגיל ד1:** תרגיל בהבנת הנקרא.
- **תרגיל ד2:** הילדים מעתיקים את הברכה החוזרת בשיר.
- **תרגיל ד3:** על פי נטיית מילת היחס אפשר לזהות את המין.
- **תרגיל ד4:** הבעה בכתב על פי מודל נתון (בתי השיר).

ה. שָׂרָה רוֹצָה לָצוּם

קוֹרְאִים

אִמָּא צָמָה בְּיוֹם כִּיפּוּר. גַּם אַבָּא צָם בְּיוֹם כִּיפּוּר.

דָּוִד יֶלֶד גָּדוֹל וְהוּא צָם בְּיוֹם כִּיפּוּר.

שָׂרָה יַלְדָּה קְטַנָּה. הִיא אוֹמֶרֶת: "גַּם אֲנִי צָמָה."

דָּוִד צוֹחֵק וְאוֹמֵר: "שָׂרָה צָמָה בַּלַּיְלָה!"

מְסַמְּנִים

1. מִי צָם בְּיוֹם כִּיפּוּר? סַמְּנוּ ☑.

☐ אַבָּא ☐ שָׂרָה

☐ דָּוִד ☐ אִמָּא

כּוֹתְבִים

2. כִּתְבוּ אֶת סוֹף הַמִּשְׁפָּט: שָׂרָה צָמָה בַּלַּיְלָה אֲבָל בַּיּוֹם ______

מוֹרֶה וְתַלְמִידִים

3. דַּבְּרוּ בַּכִּיתָּה: (1) לָמָּה שָׂרָה אוֹמֶרֶת "גַּם אֲנִי צָמָה"?

(2) סַפְּרוּ עַל אָח קָטָן אוֹ עַל אָחוֹת קְטַנָּה בְּיוֹם כִּיפּוּר (אוֹ עַל עַצְמְכֶם כַּאֲשֶׁר אַתֶּם הֱיִיתֶם קְטַנִּים).

צָם = לֹא אוֹכֵל וְלֹא שׁוֹתֶה

צָמָה = לֹא אוֹכֶלֶת וְלֹא שׁוֹתָה

4. כִּתְבוּ לְפִי הַדּוּגְמָה:

בְּיוֹם כִּיפּוּר אַבָּא לֹא אוֹכֵל וְלֹא שׁוֹתֶה.

בְּיוֹם כִּיפּוּר אִמָּא ______

בְּיוֹם כִּיפּוּר דָּוִד ______

בְּיוֹם כִּיפּוּר שָׂרָה ______

למורה:

בעמוד זה ניתן טקסט ברמה בסיסית. המורים ישקלו אם לקרוא את הטקסט עם כל התלמידים או עם קבוצה מתאימה.

- **תרגילים ה1-2:** תרגילים בהבנת הנקרא.
- **תרגיל ה3:** הבעה בע"פ ושיחה בכיתה על ילד קטן שרוצה להיות כמו הגדולים וכן על תחושות לגבי הצום. הילדים יכולים להיזכר בעצמם כשהיו קטנים.
- **תרגיל ה4:** תרגול לשוני של הפעלים **אוכל ושותה**. יש לשים לב: במשפט על שרה משמיטים את המילה לא.

ו. תְּקִיעַת שׁוֹפָר / תַּלְמָה אַלְיָגוֹן-רוֹז

קוֹרְאִים

סַבָּא שֶׁל יוֹאָב בְּבֵית חוֹלִים.
יוֹאָב לֹא יָדַע בְּדִיּוּק מָה קָרָה.
לֹא סִיפְּרוּ לוֹ. הוּא דָּאַג מְאוֹד.
בְּרֹאשׁ הַשָּׁנָה הָלַךְ עִם אַבָּא לְבֵית הַכְּנֶסֶת.
כְּשֶׁתָּקְעוּ בַּשּׁוֹפָר, רָץ יוֹאָב בֵּין כָּל הַמִּתְפַּלְּלִים,
עַד שֶׁהִגִּיעַ מַמָּשׁ קָרוֹב לַשּׁוֹפָר, וְשָׁם עָמַד
וּבִקֵּשׁ בְּשֶׁקֶט שֶׁסַּבָּא יַבְרִיא מַהֵר.
הִבִּיט יוֹאָב לְמַעְלָה,
וּלְפֶתַע רָאָה, אֵיךְ עָפָה הַתְּפִילָּה שֶׁלּוֹ
יַחַד עִם צְלִילֵי הַשּׁוֹפָר, עָפָה דֶּרֶךְ חַלּוֹנוֹת הַזְּכוּכִית
הַמְצוּיָּרִים שֶׁל בֵּית הַכְּנֶסֶת, אֶל הַשָּׁמַיִם.

בֵּית חוֹלִים
בְּדִיּוּק
דָּאַג

תָּקְעוּ
קָרוֹב
יַבְרִיא
הִבִּיט
וּלְפֶתַע
צְלִיל
זְכוּכִית
מְצוּיָּרִים

1. כִּתְבוּ.

כּוֹתְבִים

(1) לָמָה יוֹאָב דּוֹאֵג?

____

(2) לְאָן יוֹאָב הוֹלֵךְ בְּרֹאשׁ הַשָּׁנָה?

____

(3) לָמָה יוֹאָב רָץ בְּבֵית הַכְּנֶסֶת?

____

(4) מָה קוֹרֶה לַתְּפִילָּה שֶׁל יוֹאָב?

____

(5) חִשְׁבוּ וְכִתְבוּ: לָמָה הַהוֹרִים לֹא מְסַפְּרִים לְיוֹאָב מָה קוֹרֶה? (הַתְּשׁוּבָה לֹא בַּסִּיפּוּר.)

____

למורה:
לפני הקריאה כדאי לקרוא את שם הסיפור ולשוחח עם הילדים על תפקיד השופר בתפילה בראש השנה וביום כיפור.
כדאי להקנות את המילים החדשות. הסיפור מובא במקור והוא כתוב בזמן עבר. כדאי להראות את צורת ההווה של כל פועל כדי להקל על ההבנה.
השאלות כתובות בזמן הווה כדי להקל.
לפני הקריאה אפשר לתת שאלה ממקדת: **מה התפילה של יואב?** המורים יקראו את הסיפור לילדים.
- **תרגיל ו(1-4)** בודק את הבנת הנקרא. בשאלה **(5)** הילדים יעלו השערות על פי נסיונם האישי. אין תשובה אחת.

2. כִּתְבוּ אֶת הַתְּפִילָּה שֶׁל יוֹאָב.

3. דַּבְּרוּ בַּכִּיתָּה:

אַתֶּם חוֹשְׁבִים שֶׁהַתְּפִילָּה שֶׁל יוֹאָב הִיא "תְּפִילָּה מִן הַלֵּב"? לָמָּה?

4. גַּם אַתֶּם רוֹצִים לְבַקֵּשׁ מַשֶּׁהוּ? כִּתְבוּ אֶת הַתְּפִילָּה שֶׁלָּכֶם.

5. דַּבְּרוּ בַּכִּיתָּה:

בַּסִּיפּוּר "תְּקִיעַת שׁוֹפָר" יוֹאָב רוֹאֶה אֶת הַתְּפִילָּה שֶׁלּוֹ עָפָה לַשָּׁמַיִם.
אַתֶּם מַכִּירִים סִיפּוּר אַחֵר שֶׁיֶּלֶד אוֹ יַלְדָּה רוֹאִים פֶּלֶא אוֹ מַשֶּׁהוּ מְיוּחָד?

למורה:
- **תרגיל ו2:** הבעה בכתב על פי הסיפור.
- **תרגיל ו3:** הבעה בע"פ בעקבות הסיפור, הילדים יביעו את דעותיהם השונות. אפשר לשוחח עם הילדים על תפילה אישית ותפילה על פי הסידור.
- **תרגיל ו4:** הבעה אישית בכתב.
- **בתרגיל ו5** הילדים עורכים השוואה לסיפורים אחרים שהם מכירים, ובהם רואים תופעות פלאיות.

ז. הַצִּיּוּר שֶׁל גָּדִי / עִיבּוּד לְפִי יָעֵל בֶּן בָּרוּךְ

קוראים

כׇּל שָׁנָה הַהוֹרִים שֶׁל שָׁרוֹן בּוֹנִים סוּכָּה בֶּחָצֵר וְכׇל הַיְלָדִים שֶׁגָּרִים בַּבִּנְיָין מְקַשְּׁטִים אוֹתָהּ.
הַיְלָדִים יוֹשְׁבִים עַכְשָׁיו בַּסּוּכָּה הַגְּדוֹלָה וּמְכִינִים שַׁרְשְׁרָאוֹת, שְׁלָטִים וְצִיּוּרִים.
גָּדִי הוּא הַיֶּלֶד הֲכִי קָטָן וְהוּא אוֹהֵב לְצַיֵּיר. גָּדִי חוֹשֵׁב מָה מַתְאִים לְחַג הַסּוּכּוֹת.
הוּא מְצַיֵּיר אֶתְרוֹג צָהוֹב וְלוּלָב יָרוֹק וְאַחַר כָּךְ מְצַיֵּיר גַּם רִימּוֹן אָדוֹם.
כׇּל הַיְלָדִים שָׂמִים אֶת הַצִּיּוּרִים שֶׁלָּהֶם עַל הַשּׁוּלְחָן וְאוּרִי, הַיֶּלֶד הֲכִי גָּדוֹל וְגָבוֹהַּ, תּוֹלֶה אֶת הַצִּיּוּרִים בַּסּוּכָּה.
כַּאֲשֶׁר אוּרִי רוֹאֶה אֶת הַצִּיּוּר שֶׁל גָּדִי הוּא אוֹמֵר: מָה זֶה הַקִּשְׁקוּשׁ הַזֶּה? הוּא לוֹקֵחַ אֶת הַצִּיּוּר, מְקַמֵּט אוֹתוֹ וְזוֹרֵק אוֹתוֹ לַפַּח.
גָּדִי נֶעֱלָב מְאוֹד וּבְעֵינַיִים שֶׁלּוֹ יֵשׁ דְּמָעוֹת. הוּא יוֹצֵא מֵהַסּוּכָּה וְרָץ הַבַּיְתָה.
הַיְלָדִים לֹא רוֹאִים מָה קוֹרֶה. רַק שָׁרוֹן רוֹאָה הַכּוֹל וְשׁוֹתֶקֶת.

בִּנְיָין
מְקַשְּׁטִים
שַׁרְשְׁרָאוֹת
מַתְאִים
תּוֹלֶה
קִשְׁקוּשׁ
מְקַמֵּט
נֶעֱלָב

בָּעֶרֶב הַיְלָדִים מִתְלַבְּשִׁים יָפֶה וּבָאִים לַסּוּכָּה. הַהוֹרִים שֶׁל שָׁרוֹן יוֹשְׁבִים בְּרֹאשׁ הַשּׁוּלְחָן. רַק גָּדִי לֹא בָּא. מִישֶׁהוּ שׁוֹאֵל: אֵיפֹה גָּדִי? וְשָׁרוֹן אוֹמֶרֶת: אֲנִי הוֹלֶכֶת לִקְרוֹא לוֹ. כׇּל הַיְלָדִים יוֹשְׁבִים וּמְחַכִּים. אוּרִי אוֹמֵר: אוּף, מָתַי אֲנַחְנוּ אוֹכְלִים?

בְּרֹאשׁ הַשּׁוּלְחָן

למורה:
לפני הקריאה המורים יקנו את המילים החדשות ויחזרו על מילים שקשורות לחג, כמו: **אתרוג, לולב, רימון, סוכה**.
כדאי לשוחח על בניית סוכה משותפת של ילדים בישראל. כדאי לקרוא את הסיפור בשני חלקים: חלק ראשון עד המילים "רואה את הכל ושותקת". חלק שני מ"בערב הילדים" עד הסוף.
לפני קריאת החלק הראשון, שאלו שאלה מכוונת: **למה גדי נעלב?**
לפני קריאת החלק השני, שאלו שאלה מכוונת: **מה גדי רואה פתאום בסוכה?**

וְאָז הַיְלָדִים רוֹאִים אֶת שָׁרוֹן וְגָדִי נִכְנָסִים לַסּוּכָּה. הַיְלָדִים מַתְחִילִים לָשִׁיר.
בַּהַתְחָלָה גָּדִי יוֹשֵׁב בְּשֶׁקֶט וְלֹא מִסְתַּכֵּל מִסָּבִיב. לְאַט לְאַט הוּא
מֵרִים אֶת הָרֹאשׁ.
פִּתְאוֹם הוּא רוֹאֶה עַל הַקִּיר שֶׁל הַסּוּכָּה אֶת הַצִּיּוּר שֶׁלּוֹ.
הַצִּיּוּר קְצָת מְקוּמָּט אֲבָל הַצְּבָעִים שֶׁל הָאֶתְרוֹג, הַלּוּלָב
וְהָרִימּוֹן יָפִים מְאוֹד.
גָּדִי מִסְתַּכֵּל וְרוֹאֶה שֶׁשָּׁרוֹן מְחַיֶּיכֶת.
עַכְשָׁיו גַּם הוּא מְחַיֵּיךְ. הוּא מֵבִין הַכּוֹל.

מִסְתַּכֵּל מִסָּבִיב
מֵרִים
מְקוּמָּט
מְחַיֶּיכֶת

1. **כִּתְבוּ:** מִי בּוֹנֶה אֶת הַסּוּכָּה? ______

2. **כִּתְבוּ:** מִי מְקַשֵּׁט אֶת הַסּוּכָּה? ______

3. **הַשְׁלִימוּ** אֶת הַמִּשְׁפָּטִים לְפִי הַסִּיפּוּר בְּעַמּוּדִים 14-15. (כותבים)

(1) הַצִּיּוּר שֶׁל גָּדִי מַתְאִים לְחַג הַסּוּכּוֹת כִּי ______
______

(2) לְגָדִי יֵשׁ דְּמָעוֹת בָּעֵינַיִים כִּי ______

(3) גָּדִי לֹא בָּא לַסּוּכָּה בָּעֶרֶב כִּי ______

(4) גָּדִי בָּא אַחַר כָּךְ לַסּוּכָּה כִּי ______

(5) גָּדִי מְחַיֵּיךְ כִּי ______

4. **דַּבְּרוּ בַּכִּיתָּה:** בַּסִּיפּוּר כָּתוּב: "גָּדִי מֵבִין הַכּוֹל". מָה גָּדִי מֵבִין? (מורה ותלמידים)

5. **הַצִּיגוּ** אֶת גָּדִי מְסַפֵּר לַהוֹרִים שֶׁלּוֹ מָה קָרָה. (מציגים)

למורה:
- **תרגיל ז1 ו-2** הן שאלות בהבנת הנקרא.
- **תרגיל ז3** הן שאלות בהבנת הנקרא בדרך של השלמת משפטים.
- **תרגיל ז4** הוא תרגיל של הבעה בעל-פה. הילדים משלימים את מה שלא כתוב בסיפור.
- **תרגיל ז5:** הילדים מציגים את הסיפור מנקודת מבטו של גדי.

6. סִיפּוּר מְבוּלְבָּל

קוֹרְאִים

שָׁרוֹן כּוֹתֶבֶת לְבַת דּוֹדָה שֶׁלָּהּ עַל הַצִּיּוּר שֶׁל גָּדִי.
הַקְּטָעִים בַּמַּלְבֵּנִים הֵם הַסִּיפּוּר שֶׁל שָׁרוֹן אֲבָל הֵם לֹא לְפִי הַסֵּדֶר הַנָּכוֹן.
כִּתְבוּ מִסְפָּר לְיַד כׇּל מַלְבֵּן לְפִי הַסֵּדֶר שֶׁל הַסִּיפּוּר (כְּמוֹ בַּדּוּגְמָה שֶׁל 1 ו-4).

☐ בְּשָׁעָה אַחַת אֲנַחְנוּ גּוֹמְרִים לְקַשֵּׁט אֶת הַסּוּכָּה וְהַיְלָדִים הוֹלְכִים הַבַּיְתָה. אֲנִי לוֹקַחַת אֶת הַצִּיּוּר שֶׁל גָּדִי מֵהַפַּח וְתוֹלָה אוֹתוֹ בַּסּוּכָּה.

1 הַהוֹרִים שֶׁלִּי בָּנוּ סוּכָּה בֶּחָצֵר. בַּבּוֹקֶר הַיְלָדִים בָּאִים לְקַשֵּׁט אֶת הַסּוּכָּה. אֲנִי עוֹשָׂה שַׁרְשֶׁרֶת אֲרוּכָּה יַחַד עִם הַחֲבֵרָה שֶׁלִּי. גָּדִי מְצַיֵּיר צִיּוּר יָפֶה.

4 בָּעֶרֶב כׇּל הַיְלָדִים בָּאִים לַסּוּכָּה, אֲבָל גָּדִי לֹא בָּא. אֲנִי הוֹלֶכֶת לַבַּיִת שֶׁל גָּדִי וְאוֹמֶרֶת לְגָדִי: בּוֹא לַסּוּכָּה. יֵשׁ שָׁם הַפְתָּעָה.

☐ אוּרִי תּוֹלֶה אֶת הַצִּיּוּרִים בַּסּוּכָּה, אֲבָל הוּא זוֹרֵק אֶת הַצִּיּוּר שֶׁל גָּדִי לַפַּח. אֲנִי רוֹאָה דְּמָעוֹת בָּעֵינַיִים שֶׁל גָּדִי. גָּדִי יוֹצֵא מֵהַסּוּכָּה מַהֵר.

☐ גָּדִי בָּא לַסּוּכָּה וְהוּא יוֹשֵׁב בְּשֶׁקֶט. פִּתְאוֹם גָּדִי רוֹאֶה אֶת הַצִּיּוּר שֶׁלּוֹ בַּסּוּכָּה. גָּדִי מְחַיֵּיךְ וְגַם אֲנִי מְחַיֶּיכֶת.

למורה:
- **תרגיל 6ז** הוא תרגיל העשרה ומתאים לילדים שמסוגלים לקרוא ולהבין קטע ארוך. אפשר לצלם את העמוד, לגזור את המלבנים ולהדביק אותם מחדש לפי סדר הסיפור.

חֲנוּכָּה

א. לִכְבוֹד הַחֲנֻכָּה / מִילִים: ח׳ נ׳ בְּיָאלִיק / מַנְגִינָה עֲמָמִית

אָבִי הִדְלִיק נֵרוֹת לִי
וְשַׁמָּשׁ לוֹ אֲבוּקָה.
יוֹדְעִים אַתֶּם לִכְבוֹד מִי?
לִכְבוֹד הַחֲנֻכָּה.

דּוֹדִי נָתַן סְבִיבוֹן לִי,
מֵעוֹפֶרֶת יְצוּקָה.
יוֹדְעִים אַתֶּם לִכְבוֹד מִי?
לִכְבוֹד הַחֲנֻכָּה.

אִמִּי נָתְנָה לְבִיבָה לִי
לְבִיבָה חַמָּה וּמְתוּקָה.
יוֹדְעִים אַתֶּם לִכְבוֹד מִי?
לִכְבוֹד הַחֲנֻכָּה.

למורה:
פרק חנוכה כולל: שיר חנוכה לזמרה (א), סיפור בתמונות ״נס קטן בחנוכה״ (ב), סיפור ״מסיבת חנוכה מיוחדת״ (ג).

א. כדאי שהילדים יספרו על מנהגים הקשורים לחנוכה. אפשר לתת לילדים לעיין בשורה הראשונה בכל בית ולמצוא את המילים הקשורות בחנוכה: נרות, סביבון, לביבה. אפשר להסביר את תוכן השיר.
בשיר יש חלק חוזר (״יודעים אתם לכבוד מי...״). אפשר לחלק את הכיתה לשירת הבתים והפזמון.
אפשר לדבר על ביאליק שכתב את המילים לשיר עַם יהודי.

קוֹרְאִים

ב. נֵס קָטָן בַּחֲנוּכָּה (עַל פִּי סִיפּוּר שֶׁל עָמוֹס מֵרְמַת גַּן)

בַּכְּפָר שֶׁלָּנוּ יֵשׁ מִגְדָּל גָּבוֹהַּ. עַל הַמִּגְדָּל יֵשׁ חֲנוּכִּיָּיה גְּדוֹלָה גְּדוֹלָה.
כֹּל שָׁנָה בַּחֲנוּכָּה מַדְלִיקִים אֶת הַחֲנוּכִּיָּיה הַגְּדוֹלָה.
אֶפְשָׁר לִרְאוֹת אֶת הָאוֹר שֶׁל הַחֲנוּכִּיָּיה מֵרָחוֹק.
אֲנִי רוֹצֶה לְסַפֵּר לָכֶם עַל נֵס חֲנוּכָּה קָטָן שֶׁלִּי וְשֶׁל יָעֵל אֲחוֹתִי.

1
נָדָב, הַחֲנוּכִּיָּיה כְּבָר דּוֹלֶקֶת. אֲנִי רוֹצָה לִרְאוֹת אֶת הַחֲנוּכִּיָּיה מִקָּרוֹב.
אֲנַחְנוּ יְכוֹלִים לַעֲלוֹת עַל הַמִּגְדָּל, יֵשׁ סוּלָּם.
2
אֵיזֶה יוֹפִי! הַחֲנוּכִּיָּיה הַגְּדוֹלָה כֹּל כָּךְ יָפָה.
אֲנִי רוֹאֶה אֶת כֹּל הַבָּתִּים בַּכְּפָר. אֲנִי רוֹאֶה אֶת הַחֲנוּכִּיּוֹת הַקְּטַנּוֹת בַּחַלּוֹנוֹת שֶׁל הַבָּתִּים.
3
יָעֵל, כְּבָר מְאוּחָר, אִמָּא וְאַבָּא כְּבָר מְחַכִּים לָנוּ בַּבַּיִת!
נָכוֹן, כְּבָר חוֹשֶׁךְ בַּחוּץ. אֲנַחְנוּ כְּבָר צְרִיכִים לָרֶדֶת.
4
אֲנִי לֹא רוֹאָה אֶת הַסּוּלָּם. אֲנִי פּוֹחֶדֶת לָרֶדֶת בַּחוֹשֶׁךְ.
גַּם אֲנִי פּוֹחֵד לָרֶדֶת. הַגַּג כֹּל כָּךְ גָּבוֹהַּ. אֵין כָּאן אַף אֶחָד.

למורה:
קראו את הסיפור בליווי הציורים **"נס קטן בחנוכה"** עם הילדים.
לאחר הקריאה אפשר לשאול את הילדים בכיתה: **למה נדב ויעל אומרים שזה "נס החנוכה שלנו"?** (יש כמה תשובות אפשריות.)
אפשר לקרוא את הסיפור בתפקידים וגם להמחיז אותו.

5
כֹּל כָּךְ קַר לִי בַּיָּדַיִים. טוֹב שֶׁיֵּשׁ לִי כִּיסִים.
נָדָב, תִּרְאֶה מָה יֵשׁ לִי בַּכִּיס - סְבִיבוֹן.
כָּתוּב כָּאן נֵס גָּדוֹל הָיָה פֹּה.
אֲבָל אֵיךְ הַסְּבִיבוֹן יָכוֹל לַעֲזוֹר לָנוּ?
6
אַתָּה רוֹצֶה לְסוֹבֵב אֶת הַסְּבִיבוֹן?
אוּף, הַסְּבִיבוֹן נָפַל לְמַטָּה!
7
אֵיפֹה יָעֵל וְנָדָב יְכוֹלִים לִהְיוֹת?
אֲנַחְנוּ מְחַפְּשִׂים אוֹתָם כְּבָר שָׁעָה.
8
אוֹי, תִּרְאִי, נָפַל לִי מִלְמַעְלָה סְבִיבוֹן עַל הָרֹאשׁ.
יֵשׁ לְמַעְלָה מִישֶׁהוּ?
9
אֲנִי עוֹלֶה עִם הַפָּנָס הַגָּדוֹל.
אַבָּא, אִמָּא, אֲנַחְנוּ לֹא יְכוֹלִים לָרֶדֶת, חוֹשֶׁךְ כָּאן!
יָעֵל וַאֲנִי יָרַדְנוּ לְאַט לְאַט בַּסּוּלָּם עִם אַבָּא וְהָלַכְנוּ הַבַּיְתָה לְהַדְלִיק נֵרוֹת.
יָעֵל וַאֲנִי שׁוֹמְרִים עַל הַסְּבִיבוֹן הַקָּטָן וְזוֹכְרִים אֶת נֵס הַחֲנוּכָּה שֶׁלָּנוּ.

הַסִּיפּוּר עַל "נֵס קָטָן בַּחֲנוּכָּה"

1. כִּתְבוּ עַל כׇּל קַו אֶת הַמִּילָה הַמַּתְאִימָה.

בַּכְּפָר שֶׁל נָדָב וְיָעֵל יֵשׁ מִגְדָּל ________. עַל הַמִּגְדָּל יֵשׁ ________ גְּדוֹלָה.
קָטָן/גָּבוֹהַ חֲנוּכִּיָּיה/מִשְׁפָּחָה

נָדָב וְיָעֵל רוֹצִים ________ אֶת הַחֲנוּכִּיָּיה עַל הַמִּגְדָּל. הֵם עוֹלִים בַּ ________ שֶׁל הַמִּגְדָּל.
לַעֲלוֹת/לִרְאוֹת סוּלָם/סְבִיבוֹן

כַּאֲשֶׁר הֵם עוֹמְדִים עַל הַמִּגְדָּל, הֵם ________ אֶת כׇּל הַחֲנוּכִּיּוֹת שֶׁל הַבָּתִּים בַּכְּפָר.
רוֹאִים/עוֹשִׂים

כַּאֲשֶׁר נָדָב וְיָעֵל רוֹצִים ________ הֵם לֹא רוֹאִים אֶת הַסּוּלָם כִּי ________ בַּחוּץ.
לָרֶדֶת/לְחַפֵּשׂ מְאוּחָר/חוֹשֶׁךְ

הֵם ________ מְאוֹד וְלֹא יוֹדְעִים מָה ________.
שְׂמֵחִים/פּוֹחֲדִים לַעֲשׂוֹת/לִרְאוֹת

יָעֵל שָׂמָה אֶת הַיָּד בַּ ________ וּמוֹצֵאת שָׁם ________ קָטָן.
בַּיִת/כִּיס טֶלֶפוֹן/סְבִיבוֹן

אַבָּא וְאִמָּא ________ אֶת יָעֵל וְנָדָב הַרְבֵּה זְמַן. פִּתְאוֹם סְבִיבוֹן קָטָן ________ עַל
שׁוֹאֲלִים/מְחַפְּשִׂים נוֹפֵל/שָׁר

הָרֹאשׁ שֶׁל אַבָּא. אַבָּא מֵבִין שֶׁיֵּשׁ ________ לְמַעְלָה עַל הַמִּגְדָּל.
מִישֶׁהוּ/חֲנוּכִּיָּיה

לְאַבָּא יֵשׁ ________ גָּדוֹל בַּיָּד, הוּא ________ לְיָעֵל וּלְנָדָב לָרֶדֶת לְמַטָּה.
סְבִיבוֹן/פָּנָס חוֹשֵׁב/עוֹזֵר

נָדָב אוֹמֵר: זֶה ________ חֲנוּכָּה קָטָן שֶׁלִּי וְשֶׁל ________.
מִגְדָּל/נֵס אֲחוֹתִי/הַסּוּלָם

למורה:
- **תרגיל ב1:** השלמת הקלוז בודקת את הבנת הסיפור ויוצרת טקסט סיפורי חדש לפי תוכן הציורים.

קוראים

ג. מְסִיבַּת חֲנוּכָּה מְיוּחֶדֶת (עַל פִּי תָּמָר בּוֹרְנְשְׁטֵיין לַזַּר)

כֹּל שָׁנָה הַיְלָדִים בָּרְחוֹב שֶׁלָּנוּ עוֹשִׂים בְּיַחַד מְסִיבַּת חֲנוּכָּה.

שְׁלוֹשָׁה יָמִים לִפְנֵי הֶחָג אֲנַחְנוּ נִפְגָּשִׁים בַּבַּיִת שֶׁל גַּיְא וּבוֹנִים חֲנוּכִּיָּיה גְּדוֹלָה מִקְּרָשִׁים, מִבַּרְזֶל אוֹ מֵאֲבָנִים שֶׁאֲנַחְנוּ מוֹצְאִים בָּרְחוֹב. אֲנַחְנוּ גַּם מְכִינִים שִׁירִים וְהַצָּגוֹת לַמְּסִיבָּה.

גַּם הַשָּׁנָה בָּאוּ הַיְלָדִים לַבַּיִת שֶׁל גַּיְא וְהִתְחִילוּ לְהָכִין אֶת הַמְּסִיבָּה. — הִתְחִילוּ - מַתְחִילִים

פִּתְאוֹם גַּיְא שָׁאַל: אֵיפֹה רָפִי? לָמָּה הוּא לֹא בָּא? הוּא תָּמִיד צוֹבֵעַ אֶת הַחֲנוּכִּיָּיה.

דָּוִד אָמַר: רָפִי בֶּטַח מְשַׂחֵק כַּדּוּרֶגֶל. הוּא לֹא אוֹהֵב לַעֲבוֹד קָשֶׁה.

תָּמָר צָחֲקָה וְאָמְרָה: אוּלַי רָפִי חוֹשֵׁב שֶׁאֲנַחְנוּ יְכוֹלִים לִבְנוֹת אֶת הַחֲנוּכִּיָּיה וְלִצְבּוֹעַ אוֹתָהּ וְהוּא יָבוֹא רַק לַמְּסִיבָּה.

פִּתְאוֹם שָׁמַעְנוּ צִלְצוּל בַּדֶּלֶת. אוֹרִית, הָאָחוֹת שֶׁל רָפִי, נִכְנְסָה לַחֶדֶר וְאָמְרָה לָנוּ: רָפִי בְּבֵית חוֹלִים, אֶתְמוֹל עָשׂוּ לוֹ נִיתּוּחַ. הוּא צָרִיךְ לִהְיוֹת שָׁם שָׁבוּעַ.

תָּמָר וְדָוִד הִתְבַּיְּישׁוּ, וְדַלְיָה אָמְרָה: חֲבָל שֶׁהוּא לֹא יָכוֹל לִהְיוֹת בַּמְּסִיבָּה.

שָׁמַעְנוּ - שׁוֹמְעִים
נִכְנְסָה - נִכְנֶסֶת
עָשׂוּ - עוֹשִׂים
הִתְבַּיְּישׁוּ - מִתְבַּיְּישִׁים

יוֹנָתָן אָמַר: הוּא כֹּל כָּךְ אוֹהֵב הַצָּגוֹת וְהוּא גַּם אוֹהֵב מְאוֹד לֶאֱכוֹל לְבִיבוֹת.

הִתְחַלְנוּ לַעֲבוֹד בִּקְבוּצוֹת. קְבוּצָה אַחַת הִתְחִילָה לִבְנוֹת חֲנוּכִּיָּיה. קְבוּצָה אַחֶרֶת צָבְעָה סְבִיבוֹנִים וּקְבוּצָה שְׁלִישִׁית חָשְׁבָה עַל שִׁירִים וְעַל הַצָּגָה לַחֲנוּכָּה.

עָבַדְנוּ בְּשֶׁקֶט וּבְלִי חֵשֶׁק וְחָשַׁבְנוּ עַל רָפִי.

צָבְעָה - צוֹבַעַת
חָשְׁבָה - חוֹשֶׁבֶת
עָבַדְנוּ - עוֹבְדִים

למורה:

אוצר המילים של הסיפור מתאים לילדים שאינם מתחילים גמורים. בסיפור מופיעים פעלים בזמן עבר. הפעלים רשומים בצד ולידם צורת ההווה.

כדאי לקרוא את הסיפור בחלקים. אפשר להקנות את כל המילים החדשות לפני הסיפור או להקנות מילים לפני כל חלק. **אין צורך לתרגל את המילים כי המטרה כאן היא קריאת הסיפור והבנתו.**

חלק א: מן ההתחלה עד "יבוא רק למסיבה". לפני קריאת החלק כדאי להקנות את המילים: **נפגשים, קרשים, ברזל, להכין, התחילו (מתחילים)** אפשר לשאול שאלה מכוונת: **מה הילדים מכינים למסיבת חנוכה?** לאחר הקריאה הילדים יענו על השאלה המכוונת. כדאי לשאול שאלות נוספות, כמו: **מי בא לבית של גיא? מה דוד אומר על רפי?** אפשר לבקש מן הילדים להציע למה רפי לא בא, ולכתוב את ההשערות על הלוח.

חלק ב: מן המילים "פתאום שמענו צלצול" עד "וחשבנו על רפי". כדאי להקנות את המילים: **צלצול, ניתוח, חבל ש..., קבוצות, בלי חשק**. לפני קריאת חלק ב, שאלו שאלה מכוונת: **למה רפי לא בא לבית של גיא?** לאחר הקריאה הילדים עונים על השאלה ומוחקים מן הלוח את ההשערות הלא נכונות.

חלק ג: מן המילים "ואז דוד קם" עד הסוף. כדאי להקנות את המילים: **ואז, רעיון, ביקשנו, מחלקת הילדים, מחאו כפיים, הפתעה, שכחתם.** לפני הקריאה שאלו שאלה מכוונת: **איפה היתה מסיבת החנוכה של הילדים?** לאחר הקריאה יענו על השאלה המכוונת. אפשר לשאול שאלות תוכן נוספות, כמו: **רפי ידע על התכנית של הילדים? מי היה במסיבה?**

וְאָז דָּוִד קָם וְאָמַר: יֵשׁ לִי רַעְיוֹן! רָפִי לֹא יָכוֹל לָבוֹא לַמְּסִיבָּה שֶׁלָּנוּ כָּאן, אֲבָל אֲנַחְנוּ יְכוֹלִים לָבוֹא לְבֵית הַחוֹלִים וְלַעֲשׂוֹת שָׁם מְסִיבָּה עִם רָפִי.
תָּמָר אָמְרָה: הַקְּבוּצָה שֶׁלִּי מְכִינָה אֶת הַלְּבִיבוֹת וַאֲנִי חוֹשֶׁבֶת שֶׁיִּהְיוּ מַסְפִּיק לְבִיבוֹת לְכֹל הַיְּלָדִים הַחוֹלִים בַּחֶדֶר שֶׁל רָפִי.
כֹּל הַיְּלָדִים אָמְרוּ שֶׁזֶּה רַעְיוֹן מְצוּיָּן. בִּיקַּשְׁנוּ מֵאוֹרִית לֹא לְסַפֵּר לְרָפִי עַל הָרַעְיוֹן שֶׁלָּנוּ. זֹאת הַפְתָּעָה. כֹּל הַיּוֹם עָבַדְנוּ בְּחֵשֶׁק וּבְשִׂמְחָה.

בִּיקַּשְׁנוּ - מְבַקְשִׁים

בְּעֶרֶב חֲנוּכָּה הַכּוֹל הָיָה מוּכָן: הַהַצָּגָה, הַחֲנוּכִּיָּיה הַגְּדוֹלָה, הַסְּבִיבוֹנִים הַיָּפִים וְהַלְּבִיבוֹת הַטְּעִימוֹת. אִמָּא שֶׁל גַּיְא וְאַבָּא שֶׁל תָּמָר לָקְחוּ אוֹתָנוּ בַּמְּכוֹנִיּוֹת שֶׁלָּהֶם לְבֵית הַחוֹלִים.
נִכְנַסְנוּ לְמַחְלֶקֶת הַיְּלָדִים וְרָאִינוּ מֵרָחוֹק אֶת רָפִי שׁוֹכֵב בַּמִּיטָּה וְאוֹרִית אֲחוֹתוֹ יוֹשֶׁבֶת עַל כִּיסֵּא לְיָדוֹ. הִתְחַלְנוּ לָשִׁיר בְּשֶׁקֶט שִׁירֵי חֲנוּכָּה וְנִכְנַסְנוּ לְאַט לְאַט לַחֶדֶר שֶׁל רָפִי. הַיְּלָדִים בַּחֶדֶר שֶׁל רָפִי מָחֲאוּ כַּפַּיִים וְרָפִי אָמַר בְּשִׂמְחָה: אֵיזוֹ הַפְתָּעָה! לֹא שְׁכַחְתֶּם אוֹתִי!
גַּיְא שָׂם אֶת הַחֲנוּכִּיָּיה הַגְּדוֹלָה בְּאֶמְצַע הַחֶדֶר וְהַמְּסִיבָּה הִתְחִילָה.
הַרְבֵּה זְמַן אַחֲרֵי חֲנוּכָּה עוֹד דִּיבַּרְנוּ עַל הַמְּסִיבָּה הַמְּיוּחֶדֶת בְּבֵית הַחוֹלִים.

לָקְחוּ - לוֹקְחִים
רָאִינוּ - רוֹאִים
מָחֲאוּ כַּפַּיִים - מוֹחֲאִים
שְׁכַחְתֶּם - שׁוֹכְחִים
דִּיבַּרְנוּ - מְדַבְּרִים

1. כִּתְבוּ תְשׁוּבוֹת לַשְׁאֵלוֹת. כותבים

(1) לָמָה רָפִי לֹא בָּא לַבַּיִת שֶׁל גַיְא?

(2) אֵיךְ הַיְלָדִים יוֹדְעִים שֶׁרָפִי לֹא יָכוֹל לָבוֹא לִמְסִיבַּת הַחֲנוּכָּה?
(רֶמֶז: מָה שֶׁאוֹרִית אוֹמֶרֶת בְּשׁוּרָה 14 וּמָה שֶׁכָּתוּב בְּהַתְחָלַת שׁוּרָה 2)

(3) לָמָה דָוִד וְתָמָר הִתְבַּיְישׁוּ?

(4) בְּשׁוּרָה 21 כָּתוּב: "עָבַדְנוּ בְּשֶׁקֶט וּבְלִי חֵשֶׁק." לָמָה הַיְלָדִים עָבְדוּ בְּלִי חֵשֶׁק?

(5) מָה הָיָה הָרַעְיוֹן שֶׁל דָוִד?

(6) אַתֶּם חוֹשְׁבִים שֶׁרָפִי הִתְרַגֵשׁ בַּמְסִיבָּה? לָמָה?

(7) לָמָה הַשֵׁם שֶׁל הַסִיפּוּר הוּא "מְסִיבַּת חֲנוּכָּה מְיוּחֶדֶת"?

למורה:
- **תרגיל ג1:** שאלות הבודקות את הבנת הנקרא.

ט"וּ בִּשְׁבָט

א. רִקּוּד עֲצֵי הַגַּן / הַשִּׁיר וְהַלַּחַן: אֲמִתַּי נֶאֱמָן

כָּל הַגַּן לָבַשׁ לָבָן,
תְּכֵלֶת וְאַרְגָּמָן.
יוֹם הֻלֶּדֶת לָאִילָן -
כָּל צֶמַח רָן.

בְּמָחוֹל יָצְאוּ
גַּם נַרְקִיס, כַּרְכֹּם,
כִּי לְכָל בֶּן־יֶרֶק -
חַג מוֹעֵד הַיּוֹם.

גַּם צַבָּר אֲפִלּוּ
פֹּה הַיּוֹם יִרְקֹד,
וְהַבְּרוֹשׁ יָרִיעַ עוֹד.

למורה:

הפרק ט"ו בשבט כולל: שיר לזמרה (א), סיפור "למה שמי אילן?" (ב) וסיפור "על אורן והאורן שלו" (ג).
הסיפור "למה שמי אילן" הוא ברמה בסיסית בעברית. הסיפור של אורן הוא ברמה גבוהה יותר. המורים יתאימו את הסיפורים לילדים בכיתתם.

א: כדאי לשיר ולרקוד את השיר עם הילדים. כדאי להסביר באופן כללי שכל הפרחים והעצים רוקדים לכבוד יום ההולדת לאילנות. אין צורך להתעכב על כל מילה. הילדים יכולים ללמוד לשיר את המילים של החלק הראשון בלבד (4 השורות הראשונות) ולהצטרף ב-לַ לַ לַ לשאר החלקים.

ב. לָמָּה שְׁמִי אִילָן? (הֲכָנָה)

1. מִי בַּסִּיפּוּר?

מסמנים

הִסְתַּכְּלוּ בַּסִּיפּוּר. (לֹא צָרִיךְ לִקְרוֹא כׇּל מִילָּה.) סַמְּנוּ ☑ לְיַד הַשֵּׁמוֹת שֶׁל אֲנָשִׁים וִילָדִים מֵהַסִּיפּוּר.

☐ דָּוִד	☐ אִילָן	☐ סַבָּא
☐ הַמּוֹרָה	☐ אִמָּא	☐ תִּינוֹקֶת
☐ אָחוֹת	☐ אַבָּא	☐ סַבְתָּא

לָמָּה שְׁמִי אִילָן? (לְפִי רַעְיוֹן שֶׁל רִבְקָה אֱלִיצוּר)

קוראים כותבים

שְׁמִי אִילָן.
הַיּוֹם ט"וּ בִּשְׁבָט וַאֲנִי בֶּן שְׁמוֹנֶה.
יֵשׁ לִי עוּגָה שֶׁל יוֹם הוּלֶּדֶת וְזֵר פְּרָחִים עַל הָרֹאשׁ.
נוֹלַדְתִּי בְּט"וּ בִּשְׁבָט לִפְנֵי שְׁמוֹנֶה שָׁנִים. כׇּל הַמִּשְׁפָּחָה שָׂמְחָה מְאוֹד.
סַבָּא וְסַבְתָּא מֵאֲמֶרִיקָה בָּאוּ לְיִשְׂרָאֵל לִרְאוֹת אֶת הַנֶּכֶד הֶחָדָשׁ שֶׁלָּהֶם.
הֵם אָמְרוּ: אֵיזֶה תִּינוֹק מָתוֹק!
סַבָּא שָׁאַל: יֵשׁ לוֹ כְּבָר שֵׁם?
אִמָּא וְאַבָּא אָמְרוּ: כֵּן, הַשֵּׁם שֶׁלּוֹ אִילָן.
סַבְתָּא שָׁאֲלָה: לָמָּה אִילָן?
אִמָּא אָמְרָה: הַשֵּׁם שֶׁלּוֹ אִילָן כִּי הוּא נוֹלַד בְּט"וּ בִּשְׁבָט וְ ______________
____
____
____
____

למורה:
ב: הסיפור כתוב בעברית ברמה בסיסית.
- **תרגיל ב1:** כהכנה לסיפור הילדים יקראו קריאה מרפרפת בלבד ויחפשו את הדמויות המשתתפות בסיפור. כדאי לכוון את הילדים להסתכל בתחילת כל משפט כדי למצוא את המשתתפים.
לפני הקריאה יש להקנות את המילים: **זֵר, נכד, לפני, תינוק, שֵׁם, עץ (אילן), נולדתי**. כדאי להסביר כי בשפה היומיומית אומרים **עץ**. בספרות מופיעה גם המילה **אילן** (במשנה).
לפני הקריאה אפשר לשוחח על הכותרת של הסיפור. הילדים ישערו על מה הסיפור.

2. דַּבְּרוּ בַּכִּיתָּה: אַתֶּם יְכוֹלִים לַחְשׁוֹב מָה הַמִּשְׁפָּט הָאַחֲרוֹן בַּסִּיפּוּר?

3. קִרְאוּ אֶת הַמִּשְׁפָּטִים עַל ט"ו בִּשְׁבָט.

שְׁלוֹשָׁה מִשְׁפָּטִים יְכוֹלִים לִהְיוֹת הַמִּשְׁפָּט הָאַחֲרוֹן בַּסִּיפּוּר. סַמְּנוּ ☑ לְיַד הַמִּשְׁפָּטִים הָאֵלֶּה.

- ☐ בְּט"ו בִּשְׁבָט אֲנַחְנוּ אוֹכְלִים פֵּרוֹת יְבֵשִׁים.
- ☐ בְּט"ו בִּשְׁבָט אֲנַחְנוּ נוֹטְעִים עֵצִים (אִילָנוֹת).
- ☐ בְּט"ו בִּשְׁבָט אֲנַחְנוּ שָׁרִים וְרוֹקְדִים לִכְבוֹד הֶחָג.
- ☐ ט"ו בִּשְׁבָט הוּא חַג הָאִילָנוֹת.
- ☐ בְּט"ו בִּשְׁבָט יֵשׁ יוֹם הוּלֶדֶת לָאִילָנוֹת (לָעֵצִים).
- ☐ בְּט"ו בִּשְׁבָט הַשְּׁקֵדִיָּה פּוֹרַחַת. (יֵשׁ פְּרָחִים עַל הָעֵץ.)

4. כִּתְבוּ מִשְׁפָּט אֶחָד מִן הַשְּׁלוֹשָׁה (מִתַּרְגִּיל 3) בְּסוֹף הַסִּיפּוּר בְּעַמּוּד 25.

5. מָה לֹא נָכוֹן?

קִרְאוּ אֶת הַמִּשְׁפָּטִים. בְּכׇל מִשְׁפָּט יֵשׁ מִילָּה אַחַת לֹא נְכוֹנָה לְפִי הַסִּיפּוּר.

כִּתְבוּ מִתַּחַת לְכׇל מִשְׁפָּט אֶת הַמִּשְׁפָּט הַנָּכוֹן.

1. אִילָן נוֹלַד בְּפֶּסַח.

____

2. לְאִילָן יֵשׁ כֶּתֶר עַל הָרֹאשׁ.

____

4. אִילָן בֶּן חָמֵשׁ.

____

4. לְאִילָן יֵשׁ יוֹם הוּלֶדֶת בְּפּוּרִים.

____

5. סַבָּא וְסַבְתָּא שֶׁל אִילָן בָּאוּ מֵאַנְגְלִיָּה.

____

6. אִילָן גָּר בַּאֲמֶרִיקָה.

____

7. סַבָּא וְסַבְתָּא בָּאוּ לִרְאוֹת אֶת הַנֶּכְדָּה שֶׁלָּהֶם.

____

למורה:
- **תרגיל ב2:** הילדים ינחשו מה אמא אמרה על פי ידע קודם על ט"ו בשבט.
- **תרגיל ב3:** הילדים מסמנים את המשפטים המתאימים להיות סוף הסיפור. (שימו לב: כל המשפטים בתרגיל 3 יוצרים קטע מידע על ט"ו בשבט.)
- **תרגיל ב4:** המשך תרגיל 3: כל ילד בוחר משפט אחד וכותב אותו בסוף הסיפור.
- **תרגיל ב5:** תרגיל בהבנת הנקרא: זיהוי הפרט הלא נכון בכל משפט. הילדים מתקנים את המשפט וכותבים משפט נכון.

6. קִרְאוּ אֶת הַמִּשְׁפָּטִים וְכִתְבוּ לְיַד כֹּל מִשְׁפָּט בְּרֹאשׁ הַשָּׁנָה אוֹ בַּחֲנוּכָּה אוֹ בְּט"ו בִּשְׁבָט.

אוֹכְלִים תַּפּוּחַ בִּדְבַשׁ. ______

מַדְלִיקִים נֵרוֹת 8 יָמִים. ______

נוֹטְעִים עֵצִים. ______

אוֹמְרִים: "שָׁנָה טוֹבָה". ______

אוֹכְלִים פֵּרוֹת יְבֵשִׁים. ______

אוֹכְלִים סוּפְגָּנִיּוֹת וּלְבִיבוֹת. ______

תּוֹקְעִים בַּשּׁוֹפָר. ______

7. לָמָּה שְׁמִי אוֹרָה?

כִּתְבוּ אֶת הַסִּיפּוּר "**לָמָּה שְׁמִי אוֹרָה?**" לְפִי "**לָמָּה שְׁמִי אִילָן?**" בְּעַמּוּד 25.

שְׁמִי אוֹרָה. ______

הַיּוֹם הָרִאשׁוֹן שֶׁל חֲנוּכָּה וַאֲנִי בַּת ______

______

______

______

______

סַבָּא שָׁאַל: ______

______

______

אִמָּא אָמְרָה: הַשֵּׁם שֶׁלָּהּ אוֹרָה כִּי הִיא נוֹלְדָה בַּחֲנוּכָּה. חֲנוּכָּה הוּא חַג הָאוֹר.

למורה:

- **תרגיל ב6:** תרגיל מיון המבוסס על מנהגי החגים הקודמים בלוח השנה ועל תרגיל 3.
- **תרגיל ב7:** הילדים יכתבו סיפור חדש לפי הדגם של **למה שמי אילן?** שימו לב: הסיפור צריך להיות במין נקבה, כלומר במקום **לו** צריך להיות **לה** וכו'. הילדים יכולים להחליף את הגיל של אורה ואת שמות המקומות אמריקה וישראל. המטרה היא הבעה בכתב - כתיבת סיפור ברמת מתחילים. הכתיבה לפי דגם מצמצמת את האפשרות לטעות.

ג. עַל אוֹרֶן וְהָאוֹרֶן שֶׁלּוֹ (עַל פִּי לֵאָה נָאוֹר)

קוראים

בַּיּוֹם שֶׁאוֹרֶן נוֹלַד אַבָּא שֶׁלּוֹ שָׂמַח וְשָׁתַל עֵץ אוֹרֶן בַּגִּינָּה לְיַד הַבַּיִת.

אוֹרֶן גָּדַל וְגָדַל וְגַם הָעֵץ גָּדַל וְגָדַל. הַיּוֹם אוֹרֶן הַיֶּלֶד גָּבוֹהַּ כְּמוֹ הַמְּנוֹרָה שֶׁעוֹמֶדֶת בַּחֶדֶר שֶׁלּוֹ וְעֵץ הָאוֹרֶן גָּבוֹהַּ כְּמוֹ הַבַּיִת.

הַרְבֵּה צִיפּוֹרִים גָּרוֹת עַל הָעֵץ. אוֹרֶן אוֹהֵב לְטַפֵּס עַל הָעֵץ וְלָשֶׁבֶת לְמַעְלָה. אִמָּא לֹא כׇּל כָּךְ אוֹהֶבֶת לִרְאוֹת אֶת אוֹרֶן עַל הָעֵץ הַגָּבוֹהַּ.

יוֹם אֶחָד אוֹרֶן בָּא לַגִּינָּה וּמָה הוּא רוֹאֶה? עוֹבְדִים שֶׁל חֶבְרַת הַחַשְׁמַל עוֹמְדִים לְיַד הָעֵץ עִם מַסּוֹר חַשְׁמַלִּי.

אוֹרֶן שָׁאַל: מָה אַתֶּם עוֹשִׂים?

הָעוֹבְדִים אָמְרוּ: בָּאנוּ לִכְרוֹת אֶת עֵץ הָאוֹרֶן כִּי צָרִיךְ עַמּוּד חַשְׁמַל קָרוֹב לַבַּיִת הֶחָדָשׁ.

אוֹרֶן אָמַר: אַתֶּם לֹא יְכוֹלִים לִכְרוֹת אֶת הָעֵץ. הַצִּיפּוֹרִים וְהַגּוֹזָלִים שֶׁלָּהֶן גָּרִים שָׁם. זֶה הַבַּיִת שֶׁלָּהֶם.

הָעוֹבְדִים אָמְרוּ: אֲנַחְנוּ מִצְטַעֲרִים אֲבָל אֲנַחְנוּ צְרִיכִים לִכְרוֹת אֶת הָעֵץ.

אוֹרֶן רָץ הַבַּיְתָה וְסִיפֵּר לְאִמָּא שֶׁלּוֹ. אִמָּא אָמְרָה לוֹ: זֶה בֶּאֱמֶת עָצוּב, אֲבָל הַשְּׁכֵנִים בַּבַּיִת הֶחָדָשׁ צְרִיכִים חַשְׁמַל.

פִּתְאוֹם אוֹרֶן שָׁמַע אֶת הָרַעַשׁ שֶׁל הַמַּסּוֹר הַחַשְׁמַלִּי בַּחוּץ. הוּא רָץ מַהֵר, טִיפֵּס עַל עֵץ הָאוֹרֶן וְיָשַׁב לְמַעְלָה.

הָעוֹבְדִים שֶׁל חֶבְרַת הַחַשְׁמַל צָעֲקוּ לְאוֹרֶן: רֵד מִשָּׁם יֶלֶד! זֶה מְסוּכָּן מְאוֹד! אֲבָל אוֹרֶן לֹא יָרַד מֵהָעֵץ.

הַחֲבֵרִים שֶׁלּוֹ, זִיוָה וְאוּדִי, בָּאוּ וְשָׁאֲלוּ מָה קוֹרֶה. אוֹרֶן צָעַק: הֵם רוֹצִים לִכְרוֹת אֶת הָעֵץ! גַּם זִיוָה וְאוּדִי טִיפְּסוּ לְמַעְלָה.

הָעוֹבְדִים שֶׁל חֶבְרַת הַחַשְׁמַל דִּיבְּרוּ קוֹדֶם בְּשֶׁקֶט וְאַחַר כָּךְ הֵם צָעֲקוּ עַל הַיְלָדִים. אֲבָל אוּדִי, זִיוָה וְאוֹרֶן לֹא יָרְדוּ מֵהָעֵץ.

הַרְבֵּה שְׁכֵנִים וְהַיְלָדִים שֶׁלָּהֶם בָּאוּ לִרְאוֹת מָה קוֹרֶה. כׇּל הַיְלָדִים טִיפְּסוּ עַל הָעֵץ וְהַהוֹרִים שֶׁלָּהֶם עָמְדוּ לְמַטָּה, דִּיבְּרוּ עִם הָעוֹבְדִים וְחָשְׁבוּ מָה לַעֲשׂוֹת.

- שָׁתַל
- גָּדַל
- לְטַפֵּס
- חֶבְרַת הַחַשְׁמַל
- מַסּוֹר
- לִכְרוֹת
- עַמּוּד חַשְׁמַל
- גּוֹזָלִים
- רֵד
- יָרַד

למורה:
לפני הקריאה צריך להקנות את המילים החדשות. (בצד)
אפשר לקרוא את הסיפור בחלקים. הצעה לשאלות מכוונות: **מה העובדים של חברת החשמל רוצים לעשות?**
איך הילדים שמרו על עץ האורן?

הָעוֹבְדִים אָמְרוּ: אֲנַחְנוּ יְכוֹלִים לָשִׂים עַמּוּד חַשְׁמַל בְּמָקוֹם אַחֵר אֲבָל זֶה עוֹלֶה הַרְבֵּה כֶּסֶף. אוֹרֶן שָׁמַע וְצָעַק מִלְמַעְלָה: אֲנִי לֹא צָרִיךְ מְסִיבַּת יוֹם הוּלֶדֶת הַשָּׁנָה. אֲנִי נוֹתֵן אֶת הַכֶּסֶף הַזֶּה בִּשְׁבִיל עַמּוּד חַשְׁמַל אַחֵר. זִיוָה וְאוּדִי וְכֹל הַיְלָדִים צָעֲקוּ: גַּם אֲנִי! גַּם אֲנִי! שׁוּקִי, שֶׁהָיָה הַיֶּלֶד הֲכִי גָּדוֹל, אָמַר: אֲנִי נוֹתֵן אֶת הַכֶּסֶף מִמְּסִיבַּת בַּר הַמִּצְוָה שֶׁלִּי!

וּמָה הָיָה הַסּוֹף? לַיְלָדִים בָּרְחוֹב שֶׁל אוֹרֶן לֹא הָיוּ מְסִיבּוֹת יוֹם הוּלֶדֶת הַשָּׁנָה, אֲבָל עֵץ הָאוֹרֶן נִשְׁאַר בַּגִּינָה.

הַשָּׁנָה
בִּשְׁבִיל
נִשְׁאַר

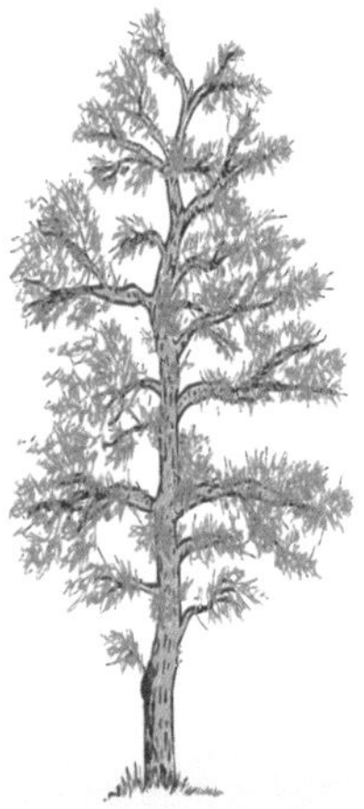

1. דַּבְּרוּ עִם חָבֵר. אַתֶּם קוֹרְאִים אֶת הַשְּׁאֵלוֹת וְאוֹמְרִים אֶת הַתְּשׁוּבוֹת.

(1) מִי יוֹתֵר גָּבוֹהַּ עַכְשָׁיו, הַיֶּלֶד אוֹרֶן אוֹ עֵץ הָאוֹרֶן?

(2) לָמָּה הָעוֹבְדִים שֶׁל חֶבְרַת הַחַשְׁמַל רָצוּ לִכְרוֹת אֶת עֵץ הָאוֹרֶן?

(3) לָמָּה הָעוֹבְדִים לֹא יָכְלוּ לִכְרוֹת אֶת עֵץ הָאוֹרֶן?

(4) לָמָּה אוֹרֶן וְהַחֲבֵרִים שֶׁלּוֹ לֹא נָתְנוּ לָעוֹבְדִים שֶׁל חֶבְרַת הַחַשְׁמַל לִכְרוֹת אֶת הָעֵץ?

(5) לָמָּה הַשָּׁנָה לֹא הָיוּ לַיְלָדִים מְסִיבּוֹת יוֹם הוּלֶדֶת?

(6) אֵיךְ בַּבַּיִת הֶחָדָשׁ יֵשׁ עַכְשָׁיו חַשְׁמַל?

2. כִּתְבוּ בְּתוֹךְ הַבָּלוֹנִים מָה אוֹמְרִים אִמָּא, אוֹרֶן וְזִיוָה.

עוֹבֵד שֶׁל
חֶבְרַת הַחַשְׁמַל

רֵד מֵהָעֵץ יֶלֶד,
זֶה מְסוּכָּן!

אִמָּא

אוֹרֶן

זִיוָה

לַמּוֹרָה:

- **תרגיל ג1:** תרגיל הבעה בעל פה. השאלות בודקות את הבנת הנקרא. הילדים עובדים בזוגות ומתחלפים בתפקיד השואל והעונה.
- **תרגיל ג2** הוא הבעה בכתב המבוססת על תוכן הסיפור. הילדים ממציאים משפטים לפי דמיונם.

פּוּרִים

א. שִׁיר הַמַּסֵּכוֹת / מִילִים: לֶוִין קִיפְּנִיס לַחַן: נַחוּם נַרְדִּי

זָקָן יוֹרֵד לִי עַד בִּרְכַּיִם
שָׂפָם אָרֹךְ לִי - אַמָּתַיִם.
הֲיֵשׁ צוֹהֶלֶת וּשְׂמֵחָה
כָּמוֹנִי מַסֵּכָה - כָּה - כָּה:
לַ, לַ, לַ...

קַרְנַיִם לִי, קַרְנֵי-הַתַּיִשׁ,
שִׁנַּיִם לִי, שִׁנֵּי-הַלַּיִשׁ,
הֲיֵשׁ צוֹהֶלֶת וּשְׂמֵחָה
כָּמוֹנִי מַסֵּכָה - כָּה - כָּה:
לַ, לַ, לַ...

מִלְּפָנַי צַמָּה עִם סֶרֶט,
מֵאֲחוֹרַי - זָנָב תִּפְאֶרֶת,
הֲיֵשׁ צוֹהֶלֶת וּשְׂמֵחָה
כָּמוֹנִי מַסֵּכָה, כָּה - כָּה:
לַ, לַ, לַ...

לַמּוֹרֶה:

הפרק על פורים כולל: שיר לזמרה (א), סיפור עם היתולי על חושם (ב), סיפור היתולי "איפה אני?" (ג), מגילת אסתר בתמונות (ד) ומשחק "מה יש בפורים" (ה). המורים יתאימו את הסיפורים והפעילויות לרמת התלמידים בכיתתם.

א: אפשר לשיר ולהציג את שיר המסכות. כדאי להסביר לילדים את המילים וכך יוכלו להציג בקבוצות את המסכות השונות. בפזמון אפשר לרקוד בזוגות.

ב. חוּשָׁם בְּפוּרִים

שָׁלוֹם
שַׁבָּת שָׁלוֹם
חַג שָׂמֵחַ
שָׁנָה טוֹבָה
בֹּקֶר טוֹב
לַיְלָה טוֹב

בַּבּוֹקֶר חוּשָׁם אוֹמֵר: בּוֹקֶר טוֹב!
בָּעֶרֶב חוּשָׁם אוֹמֵר: עֶרֶב טוֹב!
בַּלַּיְלָה חוּשָׁם אוֹמֵר: לַיְלָה טוֹב!
בְּשַׁבָּת חוּשָׁם אוֹמֵר: שַׁבָּת שָׁלוֹם!
בְּרֹאשׁ הַשָּׁנָה חוּשָׁם אוֹמֵר: שָׁנָה טוֹבָה!
בַּחֲנוּכָּה חוּשָׁם אוֹמֵר: חַג שָׂמֵחַ!
בְּפוּרִים חוּשָׁם הוֹלֵךְ לְסַבְתָּא וּלְסַבָּא.
חוּשָׁם חוֹשֵׁב: מָה אוֹמְרִים בְּפוּרִים?
חוּשָׁם אוֹמֵר: שָׁלוֹם, בּוֹקֶר טוֹב, לַיְלָה טוֹב, שַׁבָּת שָׁלוֹם, שָׁנָה טוֹבָה, חַג שָׂמֵחַ...

1. כִּתְבוּ עַל כֹּל קַו אֶת הַבְּרָכָה הַמַּתְאִימָה.

בַּבּוֹקֶר אוֹמְרִים ______________________

בָּעֶרֶב אוֹמְרִים ______________________

בַּלַּיְלָה אוֹמְרִים ______________________

בְּרֹאשׁ הַשָּׁנָה אוֹמְרִים ______________________

בְּכֹל הַחַגִּים אוֹמְרִים ______________________

2. כִּתְבוּ: חוּשָׁם ____________ מָה אוֹמְרִים בְּפוּרִים.
יוֹדֵעַ/לֹא יוֹדֵעַ

3. דַּבְּרוּ בַּכִּיתָּה: אֵיךְ אֲנַחְנוּ מְבִינִים אֶת זֶה מֵהַסִּיפּוּר?

4. מִשְׂחָק "חוּשָׁם": מִי יָכוֹל לְהַגִּיד הֲכִי מַהֵר:
שָׁלוֹם, בּוֹקֶר טוֹב, עֶרֶב טוֹב, לַיְלָה טוֹב, שַׁבָּת שָׁלוֹם, שָׁנָה טוֹבָה, חַג שָׂמֵחַ!

למורה:
ב: סיפור מהתלה ברמה בסיסית בעברית. כדאי לשוחח על הברכות בחגים. בכל חג אומרים **חג שמח**. לעתים מוסיפים את שם החג, כמו **פורים שמח**. בפסח אומרים לפעמים **חג שמח וכשר**.
- **תרגילים ב2,1** הם תרגילים בהבנת הנקרא.
- **תרגיל ב3:** הבנת ההומור בטקסט.
- **תרגיל ב4** הוא שעשוע לפורים.

ג. אֵיפֹה אֲנִי (קוראים)

מְנַשֶּׁה הוּא יֶלֶד מְפוּזָּר.

בְּכׇל יוֹם כַּאֲשֶׁר הוּא קָם בַּבּוֹקֶר הוּא מְחַפֵּשׂ אֶת הַבְּגָדִים שֶׁלּוֹ כִּי הוּא לֹא זוֹכֵר אֵיפֹה הוּא שָׂם אוֹתָם. אַחֲרֵי שֶׁמְּנַשֶּׁה מוֹצֵא אֶת הַבְּגָדִים הוּא מְחַפֵּשׂ אֶת הַסְּפָרִים שֶׁלּוֹ כִּי הוּא תָּמִיד שׁוֹכֵחַ אֵיפֹה הוּא שָׂם אוֹתָם. בְּכׇל בּוֹקֶר אִמָּא שֶׁל מְנַשֶּׁה עוֹזֶרֶת לוֹ לִמְצוֹא אֶת הַבְּגָדִים שֶׁלּוֹ, אֶת הַסְּפָרִים שֶׁלּוֹ וְאֶת הַיַּלְקוּט שֶׁלּוֹ.

כׇּל יוֹם מְנַשֶּׁה בָּא לְבֵית הַסֵּפֶר מְאוּחָר.

מָחָר יֵשׁ בְּבֵית הַסֵּפֶר מְסִיבָּה גְּדוֹלָה שֶׁל תַּחְפּוֹשׂוֹת לִכְבוֹד פּוּרִים. לִמְנַשֶּׁה יֵשׁ תַּחְפּוֹשֶׂת נֶהֱדֶרֶת שֶׁל מֶלֶךְ. הוּא לֹא רוֹצֶה לָבוֹא מְאוּחָר לַמְּסִיבָּה. מְנַשֶּׁה חוֹשֵׁב: מָה לַעֲשׂוֹת? מָה לַעֲשׂוֹת?

יֵשׁ לוֹ רַעְיוֹן!

מָה הוּא עוֹשֶׂה? בָּעֶרֶב לִפְנֵי שֶׁמְּנַשֶּׁה הוֹלֵךְ לִישׁוֹן הוּא לוֹקֵחַ פֶּתֶק וְכוֹתֵב:

הַבְּגָדִים שֶׁל הַמֶּלֶךְ - עַל הַכִּסֵּא,
הַנַּעֲלַיִים - מִתַּחַת לַכִּסֵּא,
הַשַּׁרְבִיט - עַל הַמַּדָּף,
הַכֶּתֶר - עַל הַמַּחְשֵׁב,
מִשְׁלוֹחַ הַמָּנוֹת - עַל הַשּׁוּלְחָן,
אֲנִי - בַּמִּיטָּה.

"אוּף! יֵשׁ לִי הַכֹּל
אֲבָל אֵיפֹה אֲנִי?

בַּבּוֹקֶר מְנַשֶּׁה קָם. הוּא לוֹקֵחַ מַהֵר אֶת הַפֶּתֶק וְקוֹרֵא:

הַבְּגָדִים שֶׁל הַמֶּלֶךְ עַל הַכִּסֵּא - יֵשׁ!
הַנַּעֲלַיִים מִתַּחַת לַכִּסֵּא - יֵשׁ!
הַשַּׁרְבִיט עַל הַמַּדָּף - יֵשׁ!
הַכֶּתֶר עַל הַמַּחְשֵׁב - יֵשׁ!
מִשְׁלוֹחַ הַמָּנוֹת עַל הַשּׁוּלְחָן - יֵשׁ!
אֲנִי - בַּמִּיטָּה???

מְנַשֶּׁה מִתְרַגֵּז וְצוֹעֵק: "אוּף! יֵשׁ לִי הַכֹּל, אֲבָל אֵיפֹה אֲנִי?

למורה:

ג: הסיפור **איפה אני**? הוא סיפור הומוריסטי לפורים. לפני הקריאה כדאי לומר לילדים שזה סיפור-בדיחה.
קראו את הסיפור באינטונציה של סיפור קומי. הילדים יכולים להציג בתנועות את הסיפור.
התפקידים: אמא ומנשה. אפשר לקרוא במקהלה את החלק האחרון של הסיפור מהמילים: "בבוקר מנשה קם...".

1. כִּתְבוּ.

(1) לָמָה מְנַשֶּׁה בָּא מְאוּחָר כֹּל יוֹם לְבֵית הַסֵּפֶר?

(2) לָמָה לִפְנֵי פּוּרִים מְנַשֶּׁה לֹא רוֹצֶה לָבוֹא מְאוּחָר לְבֵית הַסֵּפֶר?

(3) "לִמְנַשֶּׁה יֵשׁ רַעְיוֹן." מָה הָרַעְיוֹן שֶׁלּוֹ?

2. אֵיפֹה כֹּל דָּבָר?

מִתְחוּ קַו מִכֹּל דָּבָר לַמָּקוֹם שֶׁלּוֹ בַּחֶדֶר.

3. כִּתְבוּ מָה אַתֶּם חוֹשְׁבִים עַל מְנַשֶּׁה.

4. כִּתְבוּ מָה קָרָה אַחַר כָּךְ בַּסִּיפּוּר. (אַתֶּם מַמְצִיאִים הֶמְשֵׁךְ לַסִּיפּוּר.)

5. דַּבְּרוּ בַּכִּיתָּה: סַפְּרוּ לַחֲבֵרִים: גַּם אֲנִי לִפְעָמִים מְפוּזָּר.

למורה:
- **תרגילים ג1-2** הם פעילויות בהבנת הנקרא.
- **תרגיל ג3-4:** הבעה בכתב בעקבות הסיפור. **תרגיל ג3:** הבעת דעה. **תרגיל ג4:** כתיבה על פי הדמיון של הילדים.
- **תרגיל ג5** הוא הבעה בעל-פה אישית בהשראת הסיפור.

ד. סִיפּוּר מְגִילַת אֶסְתֵּר

קוֹרְאִים

1. הִסְתַּכְּלוּ בַּתְּמוּנוֹת וְקִרְאוּ אֶת הַמִּשְׁפָּטִים בַּמַּלְבְּנִים.
כִּתְבוּ לְיַד כֹּל מַלְבֵּן אֶת הַמִּסְפָּר שֶׁל הַתְּמוּנָה הַמַּתְאִימָה.

בִּגְתָן וְתֶרֶשׁ רוֹצִים לַהֲרוֹג אֶת הַמֶּלֶךְ.
מָרְדְּכַי שׁוֹמֵעַ אוֹתָם וּמְסַפֵּר לַמֶּלֶךְ.

הַמֶּלֶךְ אֲחַשְׁוֵרוֹשׁ רוֹצֶה אִישָּׁה חֲדָשָׁה.
הוּא בּוֹחֵר אֶת אֶסְתֵּר.
אֶסְתֵּר הִיא הַמַּלְכָּה.

כֹּל הָאֲנָשִׁים מִשְׁתַּחֲווִים לְהָמָן הַשַּׂר
הֶחָשׁוּב וּמָרְדְּכַי הַיְּהוּדִי לֹא מִשְׁתַּחֲוֶוה.

למורה:
ד: סיפור המגילה ניתן בתמונות. הפעילויות הן בשתי רמות קושי.
- **תרגיל ד1:** הילדים צריכים להתאים לתמונות את המשפטים המתארים אותן. (המשפטים הם סיפור המגילה בעברית קלה.)
הילדים יכתבו ליד כל מלבן את מספר התמונה המתאימה.

הָמָן אוֹמֵר לַמֶּלֶךְ אֲחַשְׁוֵרוֹשׁ:
צָרִיךְ לַהֲרוֹג אֶת כֹּל הַיְּהוּדִים.

מָרְדְּכַי רוֹכֵב עַל סוּס וְהָמָן מוֹבִיל
אֶת הַסּוּס.

אֶסְתֵּר מְסַפֶּרֶת לַמֶּלֶךְ שֶׁהָמָן רוֹצֶה
לַהֲרוֹג אֶת הָעָם שֶׁלָּהּ, אֶת הַיְּהוּדִים.
הִיא מְבַקֶּשֶׁת לֹא לַעֲשׂוֹת אֶת זֶה.

מֵאָז חוֹגְגִים בַּאֲדָר אֶת חַג הַפּוּרִים
וְשׁוֹלְחִים מִשְׁלוֹחַ מָנוֹת.

הָמָן הֵכִין עֵץ גָּבוֹהַּ לִתְלוֹת אֶת מָרְדְּכַי.
אֲבָל הַמֶּלֶךְ כּוֹעֵס וְאוֹמֵר: צָרִיךְ לִתְלוֹת
אֶת הָמָן עַל הָעֵץ הַזֶּה.

למורה:
אפשר לצלם את האיורים ואת המשפטים בעמודים 34 - 36, להכין 8 עמודים ריקים ומודבקים ברצף.
הילדים יגזרו וידביקו כל איור ומשפט מתאים מתחתיו, ויסדרו "מגילה" לפי הרצף.

קוֹרְאִים כּוֹתְבִים

2. קִרְאוּ אֶת הַפְּסוּקִים בַּמַּלְבְּנִים. (הַפְּסוּקִים מִתּוֹךְ מְגִלַּת אֶסְתֵּר בַּתָּנָ"ךְ.)
כִּתְבוּ לְיַד כָּל מַלְבֵּן אֶת הַמִּסְפָּר שֶׁל הַתְּמוּנָה הַמַּתְאִימָה מֵעַמּוּדִים 34-36.

◯
וַיֶּאֱהַב הַמֶּלֶךְ אֶת אֶסְתֵּר מִכָּל הַנָּשִׁים...
וַיָּשֶׂם כֶּתֶר מַלְכוּת בְּרֹאשָׁהּ...

◯
וְכָל עַבְדֵי הַמֶּלֶךְ אֲשֶׁר בְּשַׁעַר הַמֶּלֶךְ
כֹּרְעִים וּמִשְׁתַּחֲוִים לְהָמָן... וּמָרְדֳּכַי
לֹא יִכְרַע וְלֹא יִשְׁתַּחֲוֶה.

◯
וַיְבַקֵּשׁ הָמָן לְהַשְׁמִיד אֶת כָּל הַיְּהוּדִים
אֲשֶׁר בְּכָל מַלְכוּת אֲחַשְׁוֵרוֹשׁ...

◯
כָּכָה יֵעָשֶׂה לָאִישׁ אֲשֶׁר הַמֶּלֶךְ חָפֵץ
בִּיקָרוֹ.

◯
וַיִּתְלוּ אֶת הָמָן עַל הָעֵץ אֲשֶׁר הֵכִין
לְמָרְדֳּכָי...

◯
לַיְּהוּדִים הָיְתָה אוֹרָה וְשִׂמְחָה. הַיְּהוּדִים
עֹשִׂים אֶת יוֹם אַרְבָּעָה עָשָׂר לְחֹדֶשׁ אֲדָר
שִׂמְחָה וּמִשְׁתֶּה וְיוֹם טוֹב.

◯
וַתַּעַן אֶסְתֵּר הַמַּלְכָּה וַתֹּאמַר... כִּי נִמְכַּרְנוּ
אֲנִי וְעַמִּי לְהַשְׁמִיד לַהֲרוֹג וּלְאַבֵּד...

◯
...בִּגְתָן וָתֶרֶשׁ... וַיְבַקְשׁוּ לִשְׁלֹחַ יָד
בַּמֶּלֶךְ אֲחַשְׁוֵרוֹשׁ.

למורה:

- **תרגיל ד2:** תרגיל העשרה (המורים ישקלו למי מתאים תרגיל זה). בעמוד זה כתובים פסוקים מן המגילה בתנ"ך ועל הילדים לכתוב ליד כל פסוק את מספר התמונה המתאים. אפשר ללמד את הילדים שאין צורך בהבנת כל מילה אלא יש למצוא מילים מוכרות שישמשו "עוגן" בהבנת הנקרא.

דוגמאות ל"עוגן" כזה הן מילים כמו: כתר, מלך, מלכה, עץ, להרוג, וכן שמות גיבורי המגילה.

ה. מָה יֵשׁ בְּפוּרִים?

קוראים

1. הַקִּיפוּ בְּצֶבַע אָדוֹם אֶת הַמִּילִים הַמַּתְאִימוֹת לְפוּרִים.

מקיפים

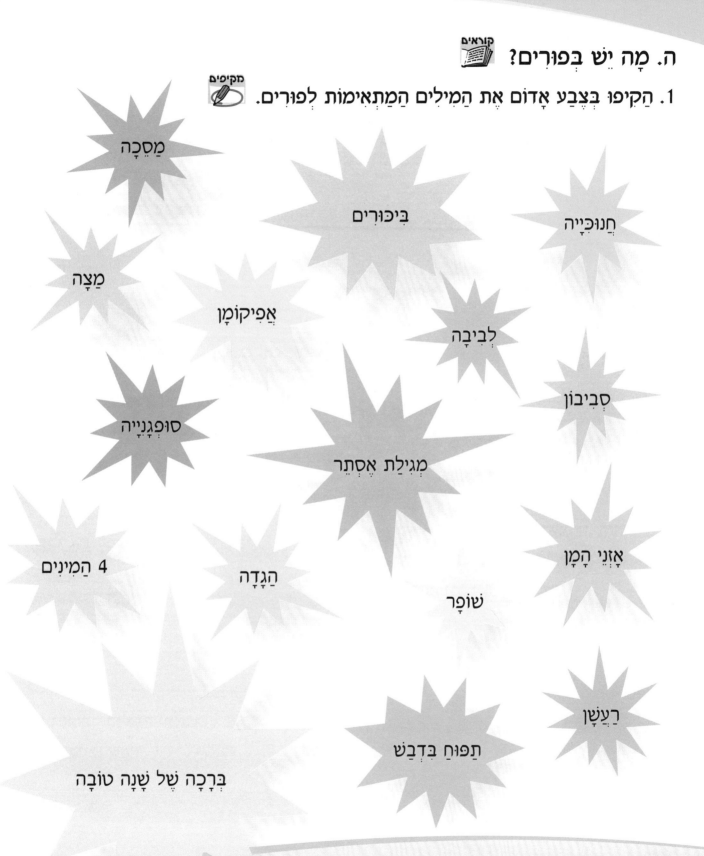

מַסֵּכָה

בִּיכּוּרִים

חֲנוּכִּיָּיה

מַצָּה

אֲפִיקוֹמָן

לְבִיבָה

סְבִיבוֹן

סוּפְגָנִיָּיה

מְגִילַת אֶסְתֵּר

אָזְנֵי הָמָן

4 הַמִּינִים

הַגָּדָה

שׁוֹפָר

רַעֲשָׁן

תַּפּוּחַ בִּדְבַשׁ

בְּרָכָה שֶׁל שָׁנָה טוֹבָה

למורה:

- **תרגיל ה1** הוא תרגיל זיהוי של הדברים השייכים לפורים.

אפשר לבקש מהילדים לצייר ליד הכוכבים את הפריטים של פורים.

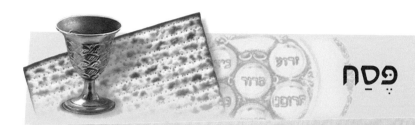

פֶּסַח

א. עֲבָדִים הָיִינוּ מִילִים: מִתּוֹךְ הַהַגָּדָה שֶׁל פֶּסַח הַלַּחַן: שָׁלוֹם פּוֹסְטוֹלְסְקִי

עֲבָדִים הָיִינוּ, עַתָּה בְּנֵי חוֹרִין

למורה:

פרק פסח כולל: שיר לזמרה (א), סיפור "משה בתיבה" (ב) חידות לסיפור פסח (ג), שיר על ילד ו"מה נשתנה" (ד), משחק לפסח (ה) וסיפור עם (ו).

המורים יבחרו את הקטעים והפעילויות המתאימים לרמת התלמידים בכיתה. שימו לב: הקטעים מבוססים על ידע קודם של הסיפור המקראי ושל מנהגי החג. כדאי להזכיר או ללמד את התכנים האלה בשיחה מקדימה.

א. כדאי לשיר את השיר **עבדים היינו**.

*אפשר ליצור ריקוד לפי המילים והמנגינה: כאשר שרים "עבדים היינו" הראש והגב כפופים והידיים למטה. כאשר שרים "עתה בני חורין" הראש והגב זקופים והידיים למעלה. במשפט האחרון בשיר "עתה עתה בני חורין בני חורין" כל ילד יכול להסתובב סביב עצמו ולמחוא כפיים.

ב. הַתִּינוֹק מֹשֶׁה

קוראים

בְּנֵי יִשְׂרָאֵל הָיוּ עֲבָדִים בְּמִצְרַיִם. הַמֶּלֶךְ פַּרְעֹה אָמַר לָאֲנָשִׁים בְּמִצְרַיִם: "אֲנִי לֹא אוֹהֵב אֶת בְּנֵי יִשְׂרָאֵל. צָרִיךְ לִזְרוֹק לַיְאוֹר אֶת כֹּל הַבָּנִים שֶׁל בְּנֵי יִשְׂרָאֵל. צָרִיךְ לַהֲרוֹג כֹּל בֵּן שֶׁנּוֹלָד."	עֲבָדִים לִזְרוֹק לַהֲרוֹג
לְאִישׁ וְאִישָׁה מִבְּנֵי יִשְׂרָאֵל, עַמְרָם וְיוֹכֶבֶד, נוֹלַד בֵּן. הֵם פָּחֲדוּ מִפַּרְעֹה.	פָּחֲדוּ - פּוֹחֲדִים
כַּאֲשֶׁר הַתִּינוֹק הָיָה בֶּן שְׁלוֹשָׁה חוֹדָשִׁים אִמָּא שֶׁלּוֹ - יוֹכֶבֶד לָקְחָה תֵּבָה וְשָׂמָה אֶת הַתִּינוֹק בַּתֵּבָה. הִיא שָׂמָה אֶת הַתֵּבָה בְּתוֹךְ הַסּוּף. מִרְיָם, הָאָחוֹת הַגְּדוֹלָה שֶׁל הַתִּינוֹק, עָמְדָה מֵרָחוֹק וְשָׁמְרָה עַל הַתֵּבָה.	לָקְחָה - לוֹקַחַת תֵּבָה מֵרָחוֹק שָׁמְרָה - שׁוֹמֶרֶת
הַבַּת שֶׁל הַמֶּלֶךְ פַּרְעֹה הָלְכָה לְטַיֵּיל לְיַד הַיְאוֹר עִם הַחֲבֵרוֹת שֶׁלָּהּ. פִּתְאוֹם הִיא רָאֲתָה תֵּבָה וּבְתוֹךְ הַתֵּבָה הָיָה תִּינוֹק קָטָן. הַתִּינוֹק בָּכָה. בַּת פַּרְעֹה אָמְרָה: "הַתִּינוֹק הַזֶּה מִבְּנֵי יִשְׂרָאֵל." בַּת פַּרְעֹה לָקְחָה אֶת הַתִּינוֹק מִן הַתֵּבָה.	רָאֲתָה - רוֹאָה בָּכָה - בּוֹכָה
מִרְיָם בָּאָה לְבַת פַּרְעֹה וְאָמְרָה לָהּ: "יֵשׁ אִישָׁה אַחַת שֶׁיְּכוֹלָה לְהֵינִיק אֶת הַתִּינוֹק. אֲנִי יְכוֹלָה לִקְרוֹא לָהּ." בַּת פַּרְעֹה אָמְרָה: "טוֹב." מִרְיָם רָצָה וְקָרְאָה לְיוֹכֶבֶד. יוֹכֶבֶד הֵינִיקָה אֶת הַבֵּן שֶׁלָּהּ עַד שֶׁהוּא גָּדַל. בַּת פַּרְעֹה לָקְחָה אֶת הַתִּינוֹק לָאַרְמוֹן וְנָתְנָה לוֹ אֶת הַשֵּׁם מֹשֶׁה. "כִּי מִן הַמַּיִם מְשִׁיתִהוּ" (שְׁמוֹת, ב, י)	לְהֵינִיק לִקְרוֹא גָּדַל

כותבים

1. כִּתְבוּ אֶת הַמִּילָה הַנְּכוֹנָה בְּכֹל מִשְׁפָּט.

(1) פַּרְעֹה רָצָה לַהֲרוֹג אֶת כֹּל ________ שֶׁל בְּנֵי יִשְׂרָאֵל.
הַבָּנִים/הַבָּנוֹת

(2) ________ הִיא אִמָּא שֶׁל מֹשֶׁה.
מִרְיָם/יוֹכֶבֶד

(3) הַתֵּבָה שֶׁל הַתִּינוֹק הָיְתָה ________ .
בַּיְאוֹר/בָּאַרְמוֹן

(4) בַּת פַּרְעֹה ________ אֶת הַתִּינוֹק מִן הַתֵּבָה.
לָקְחָה/זָרְקָה

(5) ________ הֵינִיקָה אֶת הַתִּינוֹק.
בַּת פַּרְעֹה/יוֹכֶבֶד

(6) בַּת פַּרְעֹה יָדְעָה שֶׁהַתִּינוֹק הוּא ________ .
מִצְרִי/מִבְּנֵי יִשְׂרָאֵל

2. הַצִּיגוּ אֶת הַסִּיפּוּר בַּכִּיתָה:

עַמְרָם, יוֹכֶבֶד, מִרְיָם,
בַּת פַּרְעֹה וְהַנְּעָרוֹת שֶׁלָּהּ.

למורה:
קטע **ב** הוא הסיפור המקראי מתוך שמות פרק ב המעובד לעברית קלה. כדאי להקנות את המילים החדשות שבצד שאי אפשר להבין את הקטע בלעדיהן. את צורות העבר אפשר להקנות כמילה ולא ללמד את הנטייה בעבר.
אפשר לשאול שאלות תוכן בע"פ: **למה עמרם ויוכבד פחדו מפרעה? למה מרים עמדה ליד היאור?** ועוד.
- **תרגיל ב1** הוא תרגיל בהבנת הנקרא.
- **תרגיל ב2:** הבעה בעל פה. הילדים מציגים את הסיפור על פי הכתוב ועל פי דמיונם.

ג. חִידוֹת לְפֶסַח - "מִי אֲנִי?" (קוראים)

1. מִתְחוּ קַו בֵּין כֹּל חִידָה לָעִיגּוּל שֶׁל הַתְּשׁוּבָה הַמַּתְאִימָה. (מותחים קו)

1
אֲנִי בַּת.
בַּשֵּׁם שֶׁלִּי יֵשׁ הָאוֹת "ר".
אֲנִי הַבַּת שֶׁל יוֹכֶבֶד.
אֲנִי שׁוֹמֶרֶת עַל הָאָח הַקָּטָן שֶׁלִּי.

2
אֲנִי אִישׁ. בַּשֵּׁם שֶׁלִּי יֵשׁ הָאוֹת "ר".
אֲנִי מֶלֶךְ מִצְרַיִם.
אֲנִי אָמַרְתִּי לַהֲרוֹג אֶת הַתִּינוֹקוֹת שֶׁל בְּנֵי יִשְׂרָאֵל.

3
אֲנִי אוֹכֶל. בַּשֵּׁם שֶׁלִּי יֵשׁ הָאוֹת "מ".
אוֹכְלִים אוֹתִי בְּפֶסַח.
בְּנֵי יִשְׂרָאֵל אָכְלוּ אוֹתִי כַּאֲשֶׁר הֵם יָצְאוּ מִמִּצְרַיִם.

4
אֲנִי חַיָּה יְרוּקָּה.
בַּשֵּׁם שֶׁלִּי יֵשׁ הָאוֹת "צ".
אֲנִי גָּרָה גַּם בַּמַּיִם וְגַם בַּיַּבָּשָׁה.
אֲנִי הַמַּכָּה מִסְפָּר שְׁתַּיִם.

5
אֲנִי בַּת. אֲנִי גָּרָה בָּאַרְמוֹן שֶׁל הַמֶּלֶךְ.
אֲנִי אוֹהֶבֶת לְטַיֵּיל לְיַד הַיְאוֹר עִם הַחֲבֵרוֹת שֶׁלִּי.
אֲנִי לָקַחְתִּי אֶת הַתִּינוֹק מֹשֶׁה מִן הַיְאוֹר.

6
אֲנַחְנוּ חַיּוֹת קְטַנּוֹת.
בַּשֵּׁם שֶׁלָּנוּ יֵשׁ הָאוֹת "כּ".
אֲנַחְנוּ גָּרוֹת עַל הָרֹאשׁ שֶׁל הָאֲנָשִׁים.
אֲנַחְנוּ הַמַּכָּה מִסְפָּר שָׁלוֹשׁ.

7
עַכְשָׁיו אֲנִי אִישׁ.
בַּשֵּׁם שֶׁלִּי יֵשׁ הָאוֹת "ש".
פַּעַם גַּרְתִּי בָּאַרְמוֹן שֶׁל הַמֶּלֶךְ.
הָיִיתִי תִּינוֹק בַּתֵּבָה עַל הַיְאוֹר.

8
אֲנִי אוֹכֶל. בַּשֵּׁם שֶׁלִּי יֵשׁ הָאוֹת "מ".
אוֹכְלִים אוֹתִי בְּלֵיל הַסֵּדֶר.
כַּאֲשֶׁר אוֹכְלִים אוֹתִי זוֹכְרִים אֶת הַחַיִּים הַקָּשִׁים שֶׁל בְּנֵי יִשְׂרָאֵל בְּמִצְרַיִם.

- מֹשֶׁה
- כִּינִּים
- מִרְיָם
- בַּת פַּרְעֹה
- מַצָּה
- צְפַרְדֵּעַ
- מָרוֹר
- פַּרְעֹה

2. חַבְּרוּ עוֹד חִידוֹת לְפִי הַדּוּגְמָאוֹת בָּעַמּוּד הַזֶּה. אַתֶּם שׁוֹאֲלִים אֶת הַחֲבֵרִים שֶׁלָּכֶם בַּכִּיתָּה. (מורה ותלמידים)

למורה:

- **תרגיל ג1** הוא משחק חידות בנושא הסיפור המקראי ובמנהגי החג. המשחק בנוי על ידע קודם של הילדים על הסיפור המקראי ועל הסדר. (יש לוודא קודם שהילדים מכירים את הנושא.) שימו לב למשפטים בכל חידה. המשפט הראשון מזכיר את שם האות. המשפט השלישי הוא הקל מכולם ו"מסגיר" את התשובה.
- **תרגיל ג2** הילדים מנסים את כוחם בהמצאת חידות נוספות במבנה דומה. (עמרם, יוכבד, אהרון, יין, השיר "מה נשתנה", אליהו הנביא.)

ד. מַה נִּשְׁתַּנָּה / חַגִּית בֶּנְזִימַן

קוֹרְאִים

דִּקְלַמְתִּי אֶת "מַה נִּשְׁתַּנָּה"
יוֹתֵר מִמֵּאָה פְּעָמִים.
זָכַרְתִּי אֲפִלּוּ לוֹמַר:
"בֵּין יוֹשְׁבִין וּבֵין מְסֻבִּין".
אֲפִלּוּ בָּעֶרֶב, לִפְנֵי הַשֵּׁנָה,
דִּקְלַמְתִּי בַּלֵּב אֶת "מַה נִּשְׁתַּנָּה".

וְדַוְקָא בַּ"סֵּדֶר", מוּל כָּל הַקָּהָל,
כְּשֶׁסַּבָּא אָמַר לִי: יוּבָלִי, תִּשְׁאַל",
וְאַבָּא לָחַשׁ לִי: "לְאַט"
וְאִמָּא אָמְרָה לִי: "בְּקוֹל!"
פִּתְאֹם הִתְבַּלְבַּלְתִּי כָּל כָּךְ
שֶׁשָּׁכַחְתִּי כִּמְעַט אֶת הַכֹּל.

דִּקְלַמְתִּי

זָכַרְתִּי - זוֹכֵר
אֲפִילוּ
לוֹמַר (אוֹמֵר)

מוּל
קָהָל
תִּשְׁאַל - שׁוֹאֵל
לָחַשׁ - לוֹחֵשׁ
הִתְבַּלְבַּלְתִּי
שָׁכַחְתִּי - שׁוֹכֵחַ

1. מִי אוֹמֵר אֶת זֶה בַּשִּׁיר? כִּתְבוּ: סַבָּא יוּבָלִי אַבָּא אִמָּא

כּוֹתְבִים

מִי אוֹמֵר: דִּקְלַמְתִּי, זָכַרְתִּי, הִתְבַּלְבַּלְתִּי, שָׁכַחְתִּי? ______

מִי אוֹמֵר: לְאַט? ______

מִי אוֹמֵר: בְּקוֹל? ______

מִי אוֹמֵר: יוּבָלִי תִּשְׁאַל? ______

למורה:
לפני קריאת השיר התבוננו עם הילדים בכותרת השיר.
שאלו את הילדים אם הם יודעים מתי שרים את השיר הזה ומי שר אותו.
כדאי להביא את מילות השיר **מה נשתנה** ולשיר אותו בכיתה.
אפשר לשים לב לשורה שקשה לבטא כמו **בין יושבין ובין מסובין.**
לפני הקריאה יש להקנות את המילים החדשות וגם את המילים **להתרגש, מדקלם, הרבה פעמים, זוכר, לפני השֵינה, שוכח, מתבלבל**.
כדאי לשוחח עם הילדים על החוויה שלהם בשינון **מה נשתנה**. בשיחה כדאי לשלב את המילים החדשות מן השיר.
- **תרגילים ד1-4** הן שאלות בהבנת הנקרא (עמ' 42-43).
שימו לב: התשובה על **ד2** לא כתובה במפורש בשיר. הילדים יעלו השערות על פי רמזים בשיר ועל פי נסיונם. (תשובות אפשריות: הילד הקטן ביותר שואל את הקושיות; בשיר מוזכרים ההורים שמדברים אליו כאל ילד.)

2. אֵיךְ אֲנַחְנוּ יוֹדְעִים שֶׁיּוּבָלִי בַּשִּׁיר הוּא יֶלֶד קָטָן וְלֹא אִישׁ מְבוּגָּר? ______________________

____

3. אֵיךְ אֲנַחְנוּ יוֹדְעִים שֶׁלִּפְנֵי הַ"סֵדֶר" יוּבָלִי יָדַע אֶת "מַה נִּשְׁתַּנָּה"? ______________________

____

4. אֵיךְ אֲנַחְנוּ יוֹדְעִים שֶׁבַּ"סֵדֶר" יוּבָלִי לֹא הִצְלִיחַ לָשִׁיר אֶת "מַה נִּשְׁתַּנָּה"? ______________________

____

5. מָה אַתֶּם חוֹשְׁבִים: לָמָּה בַּ"סֵדֶר" יוּבָלִי הִתְבַּלְבֵּל? ______________________

____

6. דַּבְּרוּ בַּכִּיתָּה: גַּם לִי קָרָה מַשֶּׁהוּ כְּמוֹ לְיוּבָלִי בַּ"סֵדֶר" אוֹ בְּפַעַם אַחֶרֶת.

ה. מִשְׂחַק פֶּסַח

אַתֶּם כּוֹתְבִים בְּעִיפָּרוֹן מִשְׁפָּט מַתְאִים בְּכׇל מִשְׁבֶּצֶת כְּמוֹ בַּדּוּגְמָה.

	מַצָּה	יַיִן	בּ...	אֶחָד מִי יוֹדֵעַ?
דּוֹד אֵיתָן				
דּוֹדָה מִרְיָם				
הַיְּלָדִים				הַיְּלָדִים שָׁרִים "אֶחָד מִי יוֹדֵעַ?"

למורה:
- **תרגיל ד5:** הילדים יכולים להתבסס גם על השיר וגם על ניסיונם האישי (התרגשות לפני קהל).
- **תרגיל ד6:** הבעה בעל פה בעקבות השיר. אפשר להרחיב את השיחה מעבר לליל הסדר אל הזדמנויות אחרות של הופעה לפני קהל.

ה - משחק פסח: תלמיד א מצביע על משבצת ותלמיד ב אומר את המשפט המתאים. כמו בדוגמה: הילדים שרים "אחד מי יודע". מתחלפים בתפקידים. הפעלים בטבלת המשחק: **אוכל**, **שותה**, **קורא**, **שר** נרמזים על ידי האיורים בשורה העליונה.

משחק בינגו בשתי קבוצות: מכינים 12 כרטיסים וכותבים עליהם את המשפטים של המשחק. למשל: **הילדים אוכלים מצה.** מערבבים את הכרטיסים. קבוצה א היא בעלת הטורים בצהוב וקבוצה ב היא בעלת הטורים באפור. הכרוז קורא משפטים מן הכרטיסים. התלמידים משתי הקבוצות מסמנים √ במשבצות המתאימות למשפטים שהכרוז קורא. קבוצה שממלאת טור של 3 משבצות ברצף היא המנצחת.

אפשר לשחק בזוגות. זוג הילדים מכין 12 פתקים בגודל של משבצת בלוח המשחק. על כל משבצת כותבים משפט מתאים. מערבבים ושמים בערמה. כל ילד מרים פתק ושם על הלוח. מי שממלא טור מקבל נקודה.

ו. מָה שֶׁאַתְּ אוֹמֶרֶת - יִהְיֶה! (עַל פִּי סִיפּוּר עַם שֶׁל יְהוּדֵי טוּנִיס)

קוֹרְאִים

פַּעַם הָיוּ שְׁתֵּי שְׁכֵנוֹת. שְׁכֵנָה אַחַת הָיְתָה עֲשִׁירָה וְהַשְּׁכֵנָה הַשְּׁנִיָּיה הָיְתָה עֲנִיָּיה.
שָׁבוּעַ לִפְנֵי פֶּסַח, בַּבַּיִת שֶׁל הָאִישָּׁה הָעֲשִׁירָה הָיוּ מַצּוֹת וְיַיִן וּבְגָדִים חֲדָשִׁים לֶחָג.
אֲבָל לַשְּׁכֵנָה הָעֲנִיָּיה לֹא הָיָה שׁוּם דָּבָר.
בְּעֶרֶב פֶּסַח הַשְּׁכֵנָה הָעֲנִיָּיה חָשְׁבָה: אֵין לִי אוֹכֶל לֶחָג, אֵין לִי מַצּוֹת, אֵין לִי יַיִן וְאֵין לִי בְּגָדִים חֲדָשִׁים לַיְלָדִים. מָה לַעֲשׂוֹת? אֲנִי יְכוֹלָה לָלֶכֶת לַנָּהָר וּלְכַבֵּס אֶת הַבְּגָדִים הַיְשָׁנִים. בְּפֶסַח הַבְּגָדִים שֶׁלָּנוּ יִהְיוּ נְקִיִּים.
הָאִישָּׁה יָשְׁבָה לְיַד הַנָּהָר. פִּתְאוֹם בָּא אִישׁ זָקֵן.
הָאִישׁ הַזָּקֵן שָׁאַל: מָה אַתְּ עוֹשָׂה?
הָאִישָּׁה אָמְרָה: אֲנִי מְכַבֶּסֶת אֶת הַבְּגָדִים שֶׁלָּנוּ.
הַזָּקֵן שָׁאַל: יֵשׁ לָךְ אוֹכֶל לְפֶסַח? הָאִישָּׁה אָמְרָה: כֵּן.
הַזָּקֵן שָׁאַל: יֵשׁ לָךְ מַצּוֹת וְיַיִן לְפֶסַח? הָאִישָּׁה אָמְרָה: כֵּן.
הַזָּקֵן שָׁאַל: יֵשׁ לָכֶם בְּגָדִים חֲדָשִׁים לֶחָג? הָאִישָּׁה אָמְרָה: כֵּן.
הַזָּקֵן אָמַר לָאִישָּׁה הָעֲנִיָּיה: מָה שֶׁאַתְּ אוֹמֶרֶת - יִהְיֶה!
הַזָּקֵן הָלַךְ. הָאִישָּׁה גָּמְרָה לְכַבֵּס וְהָלְכָה לַבַּיִת שֶׁלָּהּ.
בַּבַּיִת הָיָה אוֹר גָּדוֹל וְעַל הַשּׁוּלְחָן הָיוּ מַצּוֹת וְיַיִן,
הַרְבֵּה אוֹכֶל לֶחָג וּבְגָדִים חֲדָשִׁים לְכֹל הַיְלָדִים.
הָאִישָּׁה הָעֲנִיָּיה שָׂמְחָה מְאוֹד. גַּם הַיְלָדִים שָׂמְחוּ, רָקְדוּ וְשָׁרוּ.
הַשְּׁכֵנָה הָעֲשִׁירָה שָׁמְעָה אֶת הַיְלָדִים רוֹקְדִים וְשָׁרִים.
הִיא בָּאָה, רָאֲתָה הַכֹּול וְשָׁאֲלָה מָה קָרָה.
הַשְּׁכֵנָה הָעֲנִיָּיה סִיפְּרָה לָהּ: הָלַכְתִּי לַנָּהָר לְכַבֵּס אֶת הַבְּגָדִים הַיְשָׁנִים שֶׁלָּנוּ. אִישׁ זָקֵן בָּא וְשָׁאַל אוֹתִי הַרְבֵּה שְׁאֵלוֹת.
הָאִישָּׁה הָעֲשִׁירָה חָשְׁבָה: גַּם אֲנִי יְכוֹלָה לָלֶכֶת לַנָּהָר לְכַבֵּס בְּגָדִים כְּמוֹ הַשְּׁכֵנָה שֶׁלִּי.

שְׁכֵנָה
עֲנִיָּיה
עֲשִׁירָה
נָהָר
לְכַבֵּס

למורה:
לפני קריאת הסיפור כדאי להקנות את המילים החדשות ולהסביר את שם הסיפור.
אפשר לקרוא את הסיפור עד למילים "ושאל אותי הרבה שאלות" (שורה 23). הילדים יחשבו מה עשתה האישה העשירה ויספרו בכיתה.
קוראים את הסיפור עד הסוף ומשווים להשערות של הילדים. שאלה מכוונת לחלק הראשון: **האישה העניה אמרה לזקן את האמת?**

נֶעֱלַם

הָאִישָׁה הָעֲשִׁירָה יָשְׁבָה לְיַד הַנָּהָר.
הָאִישׁ הַזָּקֵן בָּא וְשָׁאַל: יֵשׁ לָךְ מַצּוֹת וְיַיִן לְפֶסַח? הָאִישָׁה הָעֲשִׁירָה אָמְרָה: לֹא.
הַזָּקֵן שָׁאַל: יֵשׁ לָךְ אוֹכֶל לְפֶסַח? הָאִישָׁה הָעֲשִׁירָה אָמְרָה: לֹא.
הַזָּקֵן שָׁאַל: יֵשׁ לָכֶם בְּגָדִים חֲדָשִׁים לֶחָג? הָאִישָׁה הָעֲשִׁירָה אָמְרָה: לֹא.
הַזָּקֵן אָמַר: מָה שֶׁאַתְּ אוֹמֶרֶת - יִהְיֶה!
הַזָּקֵן הָלַךְ וְהָאִישָׁה הָעֲשִׁירָה הָלְכָה לַבַּיִת שֶׁלָּה.
בַּבַּיִת שֶׁלָּה הָיָה חוֹשֶׁךְ גָּדוֹל. לֹא הָיָה אוֹכֶל,
לֹא הָיוּ מַצּוֹת וְיַיִן, לֹא הָיוּ בְּגָדִים חֲדָשִׁים. הַכּוֹל נֶעֱלַם.
הָאִישָׁה הָעֲשִׁירָה הֵבִינָה לָמָּה הַזָּקֵן אָמַר:
מָה שֶׁאַתְּ אוֹמֶרֶת - יִהְיֶה!

1. כִּתְבוּ אֶת הַתְּשׁוּבוֹת.

(1) הָאִישָׁה הָעֲנִיָּיה לֹא אָמְרָה לַזָּקֵן אֶת הָאֱמֶת. אֵיךְ אֲנַחְנוּ יוֹדְעִים אֶת זֶה?

____

____

(2) הָאִישָׁה הָעֲשִׁירָה לֹא אָמְרָה לַזָּקֵן אֶת הָאֱמֶת. אֵיךְ אֲנַחְנוּ יוֹדְעִים אֶת זֶה?

____

____

2. דַּבְּרוּ בַּכִּיתָּה: לָמָּה שֵׁם הַסִּיפּוּר "מָה שֶׁאַתְּ אוֹמֶרֶת - יִהְיֶה!"?

3. דַּבְּרוּ בַּכִּיתָּה: גַּם הָאִישָׁה הָעֲנִיָּיה וְגַם הָאִישָׁה הָעֲשִׁירָה לֹא אָמְרוּ אֶת הָאֱמֶת. הָאִישָׁה הָעֲנִיָּיה קִיבְּלָה פְּרָס וְהָאִישָׁה הָעֲשִׁירָה קִיבְּלָה עוֹנֶשׁ. לָמָּה?

למורה:
- **בתרגיל ו1** הילדים ימצאו בסיפור את המשפטים שמוכיחים את ההיגדים שניתנו.
- **תרגיל ו2:** תרגיל הבעה בעל-פה. הילדים מסבירים את שם הסיפור.
- **תרגיל ו3:** תרגיל הבעה בעל-פה. הילדים משוחחים על הלקח הנלמד מן הסיפור. שימו לב: הלקח לא כתוב במפורש בסיפור. חשובה כאן הסקת המסקנות מן הסיפור. אפשר לקבל תשובות שונות בתנאי שאפשר לבסס אותן מתוך הטקסט.

כותבים

4. הַשְׁלִימוּ אֶת הַמִּשְׁפָּטִים הַחֲסֵרִים.

הַזָּקֵן שָׁאַל אֶת הָאִישָׁה הָעֲנִיָּיה 3 שְׁאֵלוֹת. הָאִישָׁה הָעֲנִיָּיה עָנְתָה: כֵּן. (יֵשׁ לִי אוֹכֶל לְפֶסַח, יֵשׁ לִי מַצּוֹת וְיַיִן לְפֶסַח, יֵשׁ לָנוּ בְּגָדִים לְחָג.)

הַזָּקֵן אָמַר לָאִישָׁה הָעֲנִיָּיה: מָה שֶׁאַתְּ אוֹמֶרֶת - יִהְיֶה!

הִיא בָּאָה לַבַּיִת שֶׁלָּהּ וְהָיָה שָׁם אוֹכֶל, הָיוּ שָׁם מַצּוֹת וְיַיִן וְהָיוּ בְּגָדִים חֲדָשִׁים.

הַזָּקֵן שָׁאַל אֶת הָאִישָׁה הָעֲשִׁירָה 3 שְׁאֵלוֹת. הָאִישָׁה הָעֲשִׁירָה עָנְתָה: ______.

(אֵין לִי אוֹכֶל לְפֶסַח, ______

______.)

הַזָּקֵן אָמַר לָאִישָׁה הָעֲשִׁירָה: ______.

הָאִישָׁה הָעֲשִׁירָה בָּאָה לַבַּיִת שֶׁלָּהּ וְ______

______.

כותבים

5. כִּתְבוּ לְיַד כֹּל אִיּוּר הָאִישָׁה הָעֲנִיָּיה אוֹ הָאִישָׁה הָעֲשִׁירָה.

למורה:

- **תרגיל 4:** שכתוב השיחה בין הזקן ובין הנשים. הילדים ישלימו את הקטע.
- **תרגיל 5:** הבנת המהפך שָׁחל בסיפור. אפשר לבקש מן הילדים לצייר במחברת את שני השולחנות כפי שהיו בתחילת הסיפור.

יִשְׂרָאֵל

א. אֶרֶץ יִשְׂרָאֵל שֶׁלִּי / דַּתְיָה בֶּן דּוֹר

אֶרֶץ־יִשְׂרָאֵל שֶׁלִּי יָפָה וְגַם פּוֹרַחַת.
מִי בָּנָה וּמִי נָטַע?
כֻּלָּנוּ בְּיַחַד!
אֲנִי בָּנִיתִי בַּיִת בְּאֶרֶץ־יִשְׂרָאֵל -
אָז יֵשׁ לָנוּ אֶרֶץ
וְיֵשׁ לָנוּ בַּיִת בְּאֶרֶץ־יִשְׂרָאֵל.

אֶרֶץ־יִשְׂרָאֵל שֶׁלִּי יָפָה וְגַם פּוֹרַחַת.
מִי בָּנָה וּמִי נָטַע?
כֻּלָּנוּ בְּיַחַד!
אֲנִי נָטַעְתִּי עֵץ בְּאֶרֶץ־יִשְׂרָאֵל -
אָז יֵשׁ לָנוּ אֶרֶץ,
וְיֵשׁ לָנוּ בַּיִת,
וְיֵשׁ לָנוּ עֵץ בְּאֶרֶץ־יִשְׂרָאֵל.

אֶרֶץ־יִשְׂרָאֵל שֶׁלִּי יָפָה וְגַם פּוֹרַחַת.
מִי בָּנָה וּמִי נָטַע?
כֻּלָּנוּ בְּיַחַד!
אֲנִי סָלַלְתִּי כְּבִישׁ בְּאֶרֶץ־יִשְׂרָאֵל -
אָז יֵשׁ לָנוּ אֶרֶץ,
וְיֵשׁ לָנוּ בַּיִת,
וְיֵשׁ לָנוּ עֵץ,
וְיֵשׁ לָנוּ כְּבִישׁ בְּאֶרֶץ־יִשְׂרָאֵל.

אֶרֶץ־יִשְׂרָאֵל שֶׁלִּי יָפָה וְגַם פּוֹרַחַת.
מִי בָּנָה וּמִי נָטַע?
כֻּלָּנוּ בְּיַחַד!
אֲנִי בָּנִיתִי גֶּשֶׁר בְּאֶרֶץ־יִשְׂרָאֵל -
אָז יֵשׁ לָנוּ אֶרֶץ,
וְיֵשׁ לָנוּ בַּיִת,
וְיֵשׁ לָנוּ עֵץ,
וְיֵשׁ לָנוּ כְּבִישׁ,
וְיֵשׁ לָנוּ גֶּשֶׁר בְּאֶרֶץ־יִשְׂרָאֵל.

אֶרֶץ־יִשְׂרָאֵל שֶׁלִּי יָפָה וְגַם פּוֹרַחַת.
מִי בָּנָה וּמִי נָטַע?
כֻּלָּנוּ בְּיַחַד!
אֲנִי חִבַּרְתִּי שִׁיר בְּאֶרֶץ־יִשְׂרָאֵל -
אָז יֵשׁ לָנוּ אֶרֶץ,
וְיֵשׁ לָנוּ בַּיִת,
וְיֵשׁ לָנוּ עֵץ,
וְיֵשׁ לָנוּ כְּבִישׁ,
וְיֵשׁ לָנוּ גֶּשֶׁר,
וְיֵשׁ לָנוּ שִׁיר עַל אֶרֶץ־יִשְׂרָאֵל.

למורה:
הפרק על ישראל כולל שירים, קטעי מידע, סיפורים ואגדה. שיר לזמרה (א), שיר לכבוד המדינה (ב), סיפור זיכרונות על קום המדינה (ג), סיפור על עולה חדשה ו-2 בדיחות (ד), קטעי מידע על ירושלים (ה, ו), אגדה על בית המקדש (ז), שמות רחובות בירושלים (ח). שימו לב: בעמוד 60 יש מפה של ישראל. אפשר להשתמש בה לפרק זה.

א: כדאי לשיר את השיר במקהלה. בכל בית ילד אחד שר סולו את השורה הרביעית ("אני בניתי... אני נטעתי...").

ב. כְּשֶׁמְּדִינָה גְּדֵלָה בְּשָׁנָה / סְמָדַר שִׁיר

קוראים

כְּשֶׁיֶּלֶד גָּדֵל בְּשָׁנָה,	גָּדֵל
הוּא קְצָת יוֹתֵר גָּבוֹהַּ,	
וּקְצָת יוֹתֵר עֲגַלְגַּל,	עֲגַלְגַּל
וְיֵשׁ לוֹ יוֹתֵר תַּלְתַּלִּים,	
וְיוֹתֵר נְמָשִׁים,	נְמָשִׁים
וְיוֹתֵר בִּכְלָל.	בִּכְלָל
כְּשֶׁעֵץ גָּדֵל בְּשָׁנָה,	
הוּא קְצָת יוֹתֵר עָבֶה,	עָבֶה
וּקְצָת יוֹתֵר רָחָב,	רָחָב
וְיֵשׁ לוֹ יוֹתֵר עֲנָפִים,	
וְיוֹתֵר פֵּרוֹת וְעָלִים,	
וְגַם יוֹתֵר צֵל יִמְצָא	צֵל
הָאִישׁ הַיּוֹשֵׁב מִתַּחְתָּיו.	מִתַּחְתָּיו
כְּשֶׁמְּדִינָה גְּדֵלָה בְּשָׁנָה,	מְדִינָה
יֵשׁ בָּהּ יוֹתֵר כְּבִישִׁים	כְּבִישִׁים
וְיוֹתֵר סְלָעִים	סְלָעִים
וּפָחוֹת שַׁלְוָה,	שַׁלְוָה
אַךְ יֵשׁ בָּהּ גַּם	
יוֹתֵר יְלָדִים וְיוֹתֵר עֵצִים,	
הַמְּאַחֲלִים לָהּ מַזָּל טוֹב	מְאַחֲלִים
בְּאַהֲבָה.	

הַיֶּלֶד אַחֲרֵי שָׁנָה

הָעֵץ אַחֲרֵי שָׁנָה

למורה:

ב: כדאי להסביר את המילים הכתובות בצד. אין צורך לתרגל אותן.

כדאי לקרוא את השיר ב-3 חלקים. אחרי קריאת הבית הראשון כדאי לבקש מהילדים לצייר את הילד אחרי שנה (במסגרת משמאל לפי האיור מימין). אחרי קריאת הבית השני כדאי לבקש מהילדים לצייר את העץ אחרי שנה (במסגרת משמאל לפי האיור מימין).

מותחים קו

1. מִתְחוּ קַו בֵּין כֹּל מִשְׁפָּט בַּמַּלְבֵּן הַצָּהֹב לָעִיגּוּל הַמַּתְאִים (לְפִי הַשִּׁיר בְּעַמּוּד 48)

כַּאֲשֶׁר הַמְּדִינָה גְּדֵלָה בְּשָׁנָה

כַּאֲשֶׁר יֶלֶד גָּדֵל בְּשָׁנָה

כַּאֲשֶׁר עֵץ גָּדֵל בְּשָׁנָה

יֵשׁ יוֹתֵר פֵּירוֹת.

הוּא יוֹתֵר רָחָב.

יֵשׁ יוֹתֵר כְּבִישִׁים.

יֵשׁ יוֹתֵר תַּלְתַּלִּים.

יֵשׁ יוֹתֵר עֲנָפִים.

יֵשׁ יוֹתֵר רַעַשׁ (פָּחוֹת שַׁלְוָוה).

הוּא יוֹתֵר גָּבוֹהַּ.

יֵשׁ יוֹתֵר יְלָדִים.

יֵשׁ יוֹתֵר נְמָשִׁים.

יֵשׁ יוֹתֵר צֵל.

כותבים

2. כִּתְבוּ עוֹד מִשְׁפָּטִים לְכֹל בַּיִת בַּשִּׁיר.

כְּשֶׁיֶּלֶד גָּדֵל בְּשָׁנָה ______________________________

כְּשֶׁעֵץ גָּדֵל בְּשָׁנָה ______________________________

כְּשֶׁמְּדִינָה גְּדֵלָה בְּשָׁנָה ______________________________

3. דַּבְּרוּ בַּכִּיתָה: מָה אַתֶּם מְאַחֲלִים לַמְּדִינָה (לְיִשְׂרָאֵל) בְּיוֹם הַהוּלֶּדֶת שֶׁלָּהּ (בְּיוֹם הָעַצְמָאוּת)?

למורה:

- **תרגיל ב1:** תרגיל הבנת הנקרא. הילדים ימיינו את המשפטים על פי בתי השיר.
- **תרגיל ב2:** תרגיל הבעה בכתב. הילדים יוסיפו לשיר על פי דמיונם וניסיונם.
- **תרגיל ב3:** הבעה בעל פה בעקבות הבית השלישי של השיר ועל פי הדמיון והניסיון של הילדים.

קוראים

ג. מָה שֶׁסַּבְתָא סִיפְּרָה / מְעוּבָּד עַל פִּי נִירָה אֱלוּל

לִפְנֵי יוֹם הָעַצְמָאוּת סַבְתָא שֶׁלִּי - רָחֵל - בָּאָה לַכִּיתָה שֶׁלָּנוּ וְזֶה מָה שֶׁהִיא סִיפְּרָה:
כַּאֲשֶׁר אֲנִי נוֹלַדְתִּי הַבְּרִיטִים שָׁלְטוּ בְּאֶרֶץ יִשְׂרָאֵל. מְדִינַת יִשְׂרָאֵל עוֹד לֹא הָיְתָה.
כַּאֲשֶׁר מְדִינַת יִשְׂרָאֵל נוֹלְדָה אֲנִי הָיִיתִי בַּת שְׁמוֹנֶה. אֲנִי רוֹצָה לְסַפֵּר לָכֶם עַל יוֹם
אֶחָד מְיוּחָד. אֲנִי חוֹשֶׁבֶת עַל הַיּוֹם הַזֶּה בְּכׇל יוֹם עַצְמָאוּת.

הָיִיתִי יַלְדָּה קְטַנָּה בְּכִיתָּה ב וְחָזַרְתִּי הַבַּיְתָה בָּעֶרֶב אַחֲרֵי שֶׁשִּׂיחַקְתִּי עִם חֲבֵרָה שֶׁלִּי.
בָּרְחוֹב לֹא הָיוּ אֲנָשִׁים וְהִתְפַּלֵּאתִי מְאוֹד. פָּתַחְתִּי אֶת הַדֶּלֶת שֶׁל הַבַּיִת וְאָמַרְתִּי "שָׁלוֹם,
אֲנִי בַּבַּיִת", אֲבָל אַף אֶחָד לֹא עָנָה לִי.

בַּחֶדֶר הַגָּדוֹל הָיוּ הַרְבֵּה אֲנָשִׁים. הַהוֹרִים שֶׁלִּי, אָחִי וְהַשְּׁכֵנִים וְגַם אֲנָשִׁים שֶׁלֹּא הִכַּרְתִּי.
אֲנִי זוֹכֶרֶת אֶת הַכּוֹל עַכְשָׁיו.

כּוּלָּם יוֹשְׁבִים קָרוֹב לָרַדְיוֹ וּמַקְשִׁיבִים. לַשְּׁכֵנִים שֶׁלָּנוּ לֹא הָיָה אָז רַדְיוֹ, אֲבָל בַּבַּיִת
שֶׁלָּנוּ הָיָה רַדְיוֹ, כִּי אֲנַחְנוּ קִיבַּלְנוּ רַדְיוֹ מֵהַדּוֹד שֶׁלִּי בַּאֲמֶרִיקָה. בָּרַדְיוֹ אֲנַחְנוּ שׁוֹמְעִים
שֵׁמוֹת שֶׁל מְדִינוֹת כְּמוֹ בְּרִיטַנְיָה, אַרְצוֹת הַבְּרִית וְאִיטַלְיָה. אַחֲרֵי כׇּל שֵׁם שֶׁל מְדִינָה
מִישֶׁהוּ בָּרַדְיוֹ צוֹעֵק "כֵּן" וְ"לֹא". בַּיָּד שֶׁל הָאָח שֶׁלִּי רָמִי יֵשׁ מַחְבֶּרֶת וְכַאֲשֶׁר הוּא
שׁוֹמֵעַ בָּרַדְיוֹ "כֵּן" וְ"לֹא" הוּא עוֹשֶׂה קַו בַּמַּחְבֶּרֶת.

פִּתְאוֹם אֲנִי רוֹאָה אֶת רָמִי קָם וְצוֹעֵק: "יֵשׁ לָנוּ רוֹב!" כׇּל הָאֲנָשִׁים בַּחֶדֶר צוֹעֲקִים,
צוֹחֲקִים וּמִתְחַבְּקִים. אִמָּא שֶׁלִּי מְחַבֶּקֶת אוֹתִי חָזָק וְאוֹמֶרֶת: "יַלְדָּה שֶׁלִּי, תִּהְיֶה לָנוּ
מְדִינָה."

הִיא מְסַפֶּרֶת לִי שֶׁהָיְתָה הַצְבָּעָה בָּאוּ"ם וְרוֹב הַמְּדִינוֹת הָיוּ בְּעַד מְדִינָה לָעָם הַיְּהוּדִי
בְּאֶרֶץ יִשְׂרָאֵל.

אַחַר כָּךְ אֲנַחְנוּ יוֹצְאִים לָרְחוֹב. כְּבָר לַיְלָה אֲבָל בָּרְחוֹב יֵשׁ הַרְבֵּה אֲנָשִׁים. הֵם שָׁרִים
וְרוֹקְדִים בְּמַעְגָּל. מִישֶׁהוּ מַתְחִיל לָשִׁיר "הַתִּקְוָה" וְכׇל הָאֲנָשִׁים עוֹמְדִים וְשָׁרִים אֶת
"הַתִּקְוָה". אַבָּא שֶׁלִּי לֹא שָׁר. הוּא בּוֹכֶה. אֲנִי שׁוֹאֶלֶת אֶת אִמָּא: לָמָה אַבָּא בּוֹכֶה?"
וְאִמָּא שֶׁלִּי אוֹמֶרֶת: "זֶה בְּסֵדֶר. אַבָּא בּוֹכֶה מִשִּׂמְחָה!"
הַיּוֹם הַמְּיוּחָד הַזֶּה הָיָה 29 בְּחוֹדֶשׁ נוֹבֶמְבֶּר 1947.

יוֹם הָעַצְמָאוּת
בְּרִיטִים
שָׁלְטוּ
הִתְפַּלֵּאתִי
אַף אֶחָד
מַקְשִׁיבִים
מְדִינָה
קַו
רוֹב
מִתְחַבְּקִים
הַצְבָּעָה
בְּעַד
מַעְגָּל

למורה:
ג: כדאי לשוחח עם הילדים על כך שמדינת ישראל קיימת רק כמה עשרות שנים, לפני כן שלטו בישראל הבריטים. אפשר לשוחח גם על האו"ם ותפקידו בעולם. הסבירו לילדים את המילים החדשות.
שאלה מכוונת: **מה רחל רואה בבית שלה ביום המיוחד?**

1. מִי בַּסִּיפּוּר?

סַמְּנוּ ✓ לְיַד הַתְּשׁוּבָה הַנְּכוֹנָה.

(1) מִי שָׁלַט בְּאֶרֶץ יִשְׂרָאֵל כַּאֲשֶׁר סָבְתָא רָחֵל הָיְתָה בַּת שֶׁבַע?

- ☐ הַיְּהוּדִים
- ☐ הָעַרְבִים
- ☑ הַבְּרִיטִים

---

(2) כַּאֲשֶׁר הַיַּלְדָּה בָּאָה בָּעֶרֶב הַבַּיְתָה

- ☐ לֹא הָיָה בַּבַּיִת אַף אֶחָד.
- ☐ הָיוּ בַּבַּיִת הַרְבֵּה אֲנָשִׁים.
- ☐ הָיוּ בַּבַּיִת רַק אַבָּא וְאִמָּא וְהָאָח שֶׁלָּהּ.

---

(3) מָה הַיַּלְדָּה רָחֵל רוֹאָה בַּחֶדֶר הַגָּדוֹל?

- ☐ כּוּלָּם אוֹכְלִים אֲרוּחַת עֶרֶב גְּדוֹלָה.
- ☐ כּוּלָּם יוֹשְׁבִים בְּשֶׁקֶט וְשׁוֹמְעִים מָה אוֹמְרִים בָּרַדְיוֹ.
- ☐ כּוּלָּם שְׂמֵחִים וְאוֹמְרִים בְּיַחַד: "שָׁלוֹם רָחֵל".

---

(4) תִּהְיֶה מְדִינָה לָעַם הַיְּהוּדִי בְּאֶרֶץ יִשְׂרָאֵל? (לְפִי הַהַצְבָּעָה בָּאוּ"ם)

- ☐ כׇּל הַמְּדִינוֹת בָּאוּ"ם אָמְרוּ "כֵּן".
- ☐ רוֹב הַמְּדִינוֹת בָּאוּ"ם אָמְרוּ "כֵּן".
- ☐ כׇּל הַמְּדִינוֹת בָּאוּ"ם אָמְרוּ "לֹא".

---

(5) כַּאֲשֶׁר הָאֲנָשִׁים בָּרְחוֹב שָׁרוּ "הַתִּקְוָוה" אַבָּא שֶׁל רָחֵל בָּכָה

- ☐ כִּי הוּא הָיָה עָצוּב.
- ☐ כִּי הוּא הָיָה שָׂמֵחַ.
- ☐ כִּי הוּא הָיָה חוֹלֶה.

למורה:

- **תרגיל ג1** הוא תרגיל בהבנת הנקרא. הילדים בוחרים את התשובה הנכונה.

ד. מָה אֶלָה יוֹדַעַת? קוראים

אֶלָה בָּאָה מֵרוּסְיָה לְיִשְׂרָאֵל. הִיא תַּלְמִידָה חֲדָשָׁה בַּכִּיתָּה.
אֶלָה לֹא מְדַבֶּרֶת עִבְרִית. הִיא לֹא מְבִינָה מָה הַיְלָדִים אוֹמְרִים. אֶלָה לֹא יוֹדַעַת עִבְרִית.
הַמּוֹרָה שׁוֹאֶלֶת אֶת אֶלָה שְׁאֵלָה אֲבָל הִיא לֹא עוֹנָה. הִיא לֹא מְבִינָה אֶת הַשְּׁאֵלָה.
בַּהַפְסָקָה הַיְלָדִים מְשַׂחֲקִים בְּכַדּוּר. גַּם אֶלָה בֶּחָצֵר, אֲבָל הִיא לֹא מְשַׂחֶקֶת עִם הַיְלָדִים.
הִיא עוֹמֶדֶת לְבַד, רָחוֹק מֵהַיְלָדִים.
פַּעַם בַּהַפְסָקָה הַכַּדּוּר נָפַל עַל יַד אֶלָה. אֶלָה זָרְקָה אֶת הַכַּדּוּר רָחוֹק רָחוֹק אֶל הַיְלָדִים.
הַיְלָדִים אָמְרוּ: אֵיזֶה יוֹפִי! אֶלָה זוֹרֶקֶת אֶת הַכַּדּוּר מְצוּיָּן!
הֵם צָעֲקוּ: אֶלָה! אֶלָה! בּוֹאִי הֵנָּה! בּוֹאִי לְשַׂחֵק בְּכַדּוּר!
אֶלָה שִׂיחֲקָה עִם הַיְלָדִים כֹּל הַהַפְסָקָה. הַיְלָדִים אָמְרוּ לַמּוֹרָה: אֶלָה לֹא יוֹדַעַת לְדַבֵּר עִבְרִית,
אֲבָל הִיא יוֹדַעַת לְשַׂחֵק בְּכַדּוּר מְצוּיָּן.

1. כִּתְבוּ 'לֹא' בַּמְּקוֹמוֹת הַנְּכוֹנִים. כותבים

אֶלָה

- לא מְדַבֶּרֶת עִבְרִית.
- ______ תַּלְמִידָה חֲדָשָׁה.
- ______ יוֹשֶׁבֶת בַּכִּיתָּה.
- ______ כּוֹתֶבֶת עִבְרִית.
- ______ קוֹרֵאת עִבְרִית.
- ______ יוֹדַעַת עִבְרִית.
- ______ עוֹנָה לַמּוֹרָה.
- ______ מְבִינָה אֶת הַשְּׁאֵלָה.
- ______ עוֹמֶדֶת בֶּחָצֵר.
- ______ בָּאָה מֵרוּסְיָה.
- ______ יוֹדַעַת לִזְרוֹק אֶת הַכַּדּוּר.

למורה:
ד: הקטע כתוב בעברית בסיסית אך הנושא חשוב ולא כדאי לוותר עליו. לפני הקריאה אפשר לשוחח עם הילדים על ישראל כארץ קולטת עלייה. שאלה מכוונת לפני הקריאה: **מה אלה לא יודעת ומה אלה יודעת?**
- **תרגיל ד1:** הבנת הנקרא. הילדים מחליטים מתי המשפט נכון כמות שהוא ומתי צריך להוסיף **לא**.

2. מִתְחוּ קַו בֵּין מִשְׁפָּט בַּמַּלְבֵּן הַצָּהוֹב לְמִשְׁפָּט בַּמַּלְבֵּן הַיָּרוֹק.

כותבים

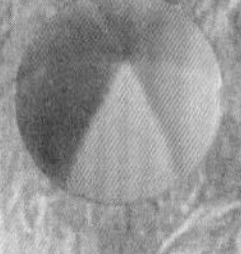

אֶלָה לֹא יוֹדַעַת עִבְרִית כִּי

אֶלָה לֹא עוֹנָה לַמּוֹרָה כִּי

בֶּחָצֵר אֶלָה עוֹמֶדֶת לְבַד כִּי

הַיְלָדִים אוֹמְרִים לְאֶלָה לָבוֹא לְשַׂחֵק כִּי

הִיא לֹא מְשַׂחֶקֶת עִם הַיְלָדִים.

הִיא תַּלְמִידָה חֲדָשָׁה מֵרוּסְיָה.

הִיא זוֹרֶקֶת אֶת הַכַּדּוּר מְצוּיָּן.

הִיא לֹא מְבִינָה אֶת הַשְּׁאֵלָה.

3. כִּתְבוּ.

כותבים

בְּהַתְחָלַת הַסִּיפּוּר אֶלָה ______ כִּי ______________________
עֲצוּבָה/שְׂמֵחָה

____

בְּסוֹף הַסִּיפּוּר אֶלָה ______ כִּי ______________________
עֲצוּבָה/שְׂמֵחָה

____

4. אֶפְשָׁר לְחַיֵּךְ!

הַמּוֹרָה הַחֲדָשָׁה: שָׁלוֹם יְלָדִים, אֲנִי הַמּוֹרָה רִינָה.
יַלְדָּה, מָה הַשֵּׁם שֶׁלָּךְ?
הַיַּלְדָּה: רוֹנִית, הַמּוֹרָה רִינָה.
הַמּוֹרָה: וּמָה הַשֵּׁם שֶׁלְּךָ, יֶלֶד?
הַיֶּלֶד: שָׁלוֹם, הַמּוֹרָה רִינָה.
הַמּוֹרָה: שָׁלוֹם גַּם לְךָ, אֲבָל מָה הַשֵּׁם שֶׁלְּךָ?

לְכִיתָּה ב בָּאָה תַּלְמִידָה חֲדָשָׁה.
בַּהַפְסָקָה שָׁאַל אוֹתָהּ עוּזִי:
"מַה שְּׁמֵךְ, יַלְדָּה?"
עָנְתָה הַיַּלְדָּה: "בַּת שֶׁבַע."
"לֹא שָׁאַלְתִּי אוֹתָךְ בַּת כַּמָּה אַתְּ,
שָׁאַלְתִּי מַה שְּׁמֵךְ!"

למורה:
- **תרגיל ד2:** תרגיל בהבנת הנקרא. הילדים מרכיבים משפטי סיבה מחלקי משפט נתונים.
- **תרגיל ד3:** הבעה בכתב לסיכום הרעיון המרכזי בסיפור.
שימו לב: יש הרחבת הנושא "עולים חדשים" בעמוד 54.
- **תרגיל ד4:** אתנחתא היתולית, בדיחות על מורה חדשה ותלמידה חדשה ובלבול בגלל דו משמעות לשונית.

5. בְּיִשְׂרָאֵל יֵשׁ הַרְבֵּה יְלָדִים עוֹלִים. מסמנים

אֵיךְ יְלָדִים יִשְׂרְאֵלִים יְכוֹלִים לַעֲזוֹר לְיֶלֶד עוֹלֶה חָדָשׁ אוֹ לְיַלְדָּה עוֹלָה חֲדָשָׁה לְהַרְגִּישׁ טוֹב בְּיִשְׂרָאֵל?

חִשְׁבוּ וְסַמְּנוּ ☑ לְיַד כֹּל מִשְׁפָּט.

- ☐ הֵם יְכוֹלִים לְהַזְמִין אֶת הַיֶּלֶד הָעוֹלֶה אוֹ אֶת הַיַּלְדָּה הָעוֹלָה לַבַּיִת שֶׁלָּהֶם.
- ☐ הֵם יְכוֹלִים לְלַמֵּד אֶת הַיֶּלֶד הָעוֹלֶה מִילִים בְּעִבְרִית.
- ☐ הֵם יְכוֹלִים לָרִיב עִם הַיֶּלֶד הָעוֹלֶה.
- ☐ הֵם יְכוֹלִים לַעֲשׂוֹת שִׁיעוּרֵי בַּיִת עִם הַיֶּלֶד הָעוֹלֶה.
- ☐ הֵם יְכוֹלִים לְסַפֵּר בְּדִיחוֹת עַל הַיֶּלֶד הָעוֹלֶה.
- ☐ הֵם יְכוֹלִים לְהַגִּיד לַיֶּלֶד הָעוֹלֶה שֶׁהַיִּשְׂרְאֵלִים יוֹדְעִים הַכֹּל הֲכִי טוֹב.
- ☐ הֵם יְכוֹלִים לְלַמֵּד אֶת הַיֶּלֶד הָעוֹלֶה מִשְׂחָק יִשְׂרְאֵלִי.
- ☐ הֵם יְכוֹלִים לִשְׁאוֹל אֶת הַיֶּלֶד הָעוֹלֶה עַל הָאָרֶץ שֶׁלּוֹ.
- ☐ הֵם יְכוֹלִים לְדַבֵּר רַק עִם הַיְלָדִים הַיִּשְׂרְאֵלִים.
- ☐ הֵם יְכוֹלִים לִצְחוֹק מֵהַשְּׁגִיאוֹת שֶׁל הַיֶּלֶד הָעוֹלֶה.

6. אֵיךְ יְלָדִים יִשְׂרְאֵלִים יְכוֹלִים לַעֲזוֹר לְיֶלֶד עוֹלֶה חָדָשׁ אוֹ לְיַלְדָּה עוֹלָה חֲדָשָׁה לְהַרְגִּישׁ טוֹב בְּיִשְׂרָאֵל? כותבים

כִּתְבוּ עוֹד 2 מִשְׁפָּטִים.

____

____

____

____

____

למורה:
- **תרגיל ד5:** כאן יש הרחבת הנושא של התייחסות לילד עולה חדש. בתרגיל הילדים ממיינים את הפעולות לפי דעתם.
- **תרגיל ד6:** הבעה בכתב בעקבות תרגיל **ד5**.
- **תרגילים ד5-6** מזמנים שיחה על קשיים של ילדים עולים חדשים. ייתכן שאפשר להרחיב את השיחה לילדים של משפחות מהגרים בארץ שלכם.

ה. יְרוּשָׁלַיִם הַקְּדוֹשָׁה

יְרוּשָׁלַיִם הִיא עִיר קְדוֹשָׁה לַיְּהוּדִים, לַנּוֹצְרִים וְלַמּוּסְלְמִים.
יֵשׁ בִּירוּשָׁלַיִם גַּם בָּתֵּי כְּנֶסֶת, גַּם כְּנֵסִיּוֹת וְגַם מִסְגָּדִים.
בִּירוּשָׁלַיִם יֵשׁ עִיר עַתִּיקָה. מִסָּבִיב לָעִיר הָעַתִּיקָה יֵשׁ חוֹמָה גְּדוֹלָה.
בָּעִיר הָעַתִּיקָה יֵשׁ מְקוֹמוֹת קְדוֹשִׁים.
תַּיָּירִים מִכָּל הָעוֹלָם בָּאִים לְבַקֵּר בָּעִיר הַמְּיוּחֶדֶת הַזֹּאת.

עִיר
נוֹצְרִים
מוּסְלְמִים
עַתִּיקָה
חוֹמָה
מְקוֹמוֹת
תַּיָּירִים

1. הַשְׁלִימוּ אֶת הַמִּילִּים הַחֲסֵרוֹת.

לַנּוֹצְרִים יֵשׁ ________   לַ________ יֵשׁ מִסְגָּדִים.   לַ________ יֵשׁ בָּתֵּי כְּנֶסֶת.

ו. עוֹלִים לָרֶגֶל לִירוּשָׁלַיִם

יְרוּשָׁלַיִם הִיא עִיר הַבִּירָה שֶׁל מְדִינַת יִשְׂרָאֵל. יְרוּשָׁלַיִם הִיא הָעִיר הַחֲשׁוּבָה בְּיוֹתֵר שֶׁל עַם יִשְׂרָאֵל.
בֵּית הַמִּקְדָּשׁ הָיָה בִּירוּשָׁלַיִם, וִיהוּדִים מִכָּל הָאָרֶץ הָיוּ עוֹלִים לָרֶגֶל לְבֵית הַמִּקְדָּשׁ בִּירוּשָׁלַיִם שָׁלוֹשׁ פְּעָמִים בַּשָּׁנָה. הֵם חָגְגוּ שָׁם אֶת חַג הַסּוּכּוֹת, אֶת חַג הַפֶּסַח וְאֶת חַג הַשָּׁבוּעוֹת.
בֵּית הַמִּקְדָּשׁ חָרַב לִפְנֵי הַרְבֵּה שָׁנִים. רַק חֵלֶק מֵהַחוֹמָה שֶׁלּוֹ נִשְׁאַר, וְהוּא הַכּוֹתֶל הַמַּעֲרָבִי.
הַיּוֹם יְהוּדִים מִכָּל הָאָרֶץ וּמִכָּל הָעוֹלָם בָּאִים לִירוּשָׁלַיִם - לַכּוֹתֶל הַמַּעֲרָבִי.

1. הַשְׁלִימוּ אֶת הַמִּשְׁפָּטִים.

לִפְנֵי הַרְבֵּה שָׁנִים הַיְּהוּדִים בָּאוּ לִירוּשָׁלַיִם אֶל ________.
(בֵּית הַמִּקְדָּשׁ / הַכּוֹתֶל הַמַּעֲרָבִי)

הַיּוֹם יְהוּדִים בָּאִים לִירוּשָׁלַיִם אֶל ________.
(בֵּית הַמִּקְדָּשׁ / הַכּוֹתֶל הַמַּעֲרָבִי)

2. מָתַי עָלוּ לָרֶגֶל?

- [ ] סוּכּוֹת
- [ ] חֲנוּכָּה
- [ ] ט"וּ בִּשְׁבָט
- [ ] פּוּרִים
- [ ] פֶּסַח
- [ ] יוֹם הָעַצְמָאוּת
- [ ] שָׁבוּעוֹת

למורה:
ה. לפני קריאת הקטע כדאי להקנות את המילים. (אין צורך לתרגל את המילים.)
- **תרגיל ה1:** חזרה על מושגים שהוזכרו בקטע.

לפני קטע **ו** הסבירו את המילים: **עם, בית מקדש, חגגו, חרב, חלק, כותל.**
- **תרגיל ו1** הוא תרגיל שבודק את הבנת הנקרא.
- **תרגיל ו2** בטבלה משמאל: בקשו מהילדים לסמן V ליד 3 חגים שבהם עלו לרגל לירושלים.

ז. הָאַגָּדָה מְסַפֶּרֶת:

קוראים

שְׁלֹמֹה הַמֶּלֶךְ רָצָה לִבְנוֹת אֶת בֵּית הַמִּקְדָּשׁ. הוּא דִּיבֵּר אֶל כֹּל הָעָם וּבִיקֵּשׁ מִכּוּלָּם לִבְנוֹת בְּיַחַד אֶת בֵּית הַמִּקְדָּשׁ. הָעֲשִׁירִים לֹא עָבְדוּ בְּעַצְמָם. הֵם לָקְחוּ עֲבָדִים מֵאֲרָצוֹת אֲחֵרוֹת וְנָתְנוּ לָהֶם כֶּסֶף, וְהָעֲבָדִים עָבְדוּ בִּמְקוֹם הָעֲשִׁירִים. הָעֲנִיִּים עָבְדוּ קָשֶׁה עִם הַנָּשִׁים וְהַיְלָדִים שֶׁלָּהֶם וּבָנוּ בְּאַהֲבָה אֶת הַחֵלֶק שֶׁלָּהֶם. הֵם בָּנוּ אֶת הַכּוֹתֶל הַמַּעֲרָבִי.

כַּאֲשֶׁר כּוּלָּם גָּמְרוּ אֶת הָעֲבוֹדָה, הַקָּדוֹשׁ בָּרוּךְ הוּא בֵּירֵךְ אֶת בֵּית הַמִּקְדָּשׁ.

הוּא בֵּירֵךְ בִּמְיוּחָד אֶת הַכּוֹתֶל הַמַּעֲרָבִי כִּי הָעֲנִיִּים בָּנוּ אוֹתוֹ בְּעַצְמָם.

אַחֲרֵי הַרְבֵּה שָׁנִים הָיְתָה מִלְחָמָה קָשָׁה בִּירוּשָׁלַיִם, וּבֵית הַמִּקְדָּשׁ חָרַב.

רַק הַכּוֹתֶל הַמַּעֲרָבִי נִשְׁאַר שָׁלֵם.

אַגָּדָה עַל פִּי זְאֵב וִילְנָאִי, אַגָּדוֹת א"י

לִבְנוֹת
עֲשִׁירִים
עֲבָדִים
עֲנִיִּים
חֵלֶק
בֵּירֵךְ

כּוֹתֶל מַעֲרָבִי
בְּעַצְמָם
מִלְחָמָה
חָרַב
נִשְׁאַר, שָׁלֵם

1. דַּבְּרוּ בַּכִּיתָּה:

מורה ותלמידים

לָמָּה שְׁלֹמֹה הַמֶּלֶךְ דִּיבֵּר אֶל כֹּל הָעָם?
לָמָּה רַק הַכּוֹתֶל הַמַּעֲרָבִי נִשְׁאַר שָׁלֵם?
לָמָּה הָעֲשִׁירִים הֵבִיאוּ עֲבָדִים מֵאֲרָצוֹת אֲחֵרוֹת?

2. רַק שְׁאֵלָה אַחַת מִתַּרְגִּיל 1 יְכוֹלָה לִהְיוֹת הַשֵּׁם שֶׁל הַסִּיפּוּר. כִּתְבוּ אֶת הַשְּׁאֵלָה הַזֹּאת בַּמַּלְבֵּן הַכָּחוֹל לְמַעְלָה.

למורה:

ז: כדאי להקנות את המילים שבצד לפני קריאת האגדה. חלק מן המילים הוקנו בקטעים הקודמים.
שימו לב: שם האגדה חסר. הילדים ישלימו אותו בתרגיל **ז2**.
- **תרגיל ז1** הוא תרגיל בהבנת הנקרא תוך דיון בעל-פה.
- **תרגיל ז2:** הילדים יבחרו בשם המתאים לאגדה.

*הצעה: הילדים יכולים לכתוב שאלות נוספות על הסיפור ולשאול אותן בכיתה.

ח. שְׁמוֹת רְחוֹבוֹת בִּירוּשָׁלַיִם

קוֹרְאִים

1. סַפְּרוּ בַּכִּיתָּה מָה אַתֶּם יוֹדְעִים עַל כֹּל שֵׁם בַּשֶּׁלֶט.

מורה ותלמידים

אֲנִי מְטַיֶּילֶת בִּירוּשָׁלַיִם. הַשֵּׁמוֹת שֶׁל הָרְחוֹבוֹת מַזְכִּירִים לִי סִיפּוּרִים בַּתּוֹרָה וְסִיפּוּרִים עַל חַגִּים וּמְלָכִים.

למורה:

ח: אפשר לשוחח על ישראל ועל ירושלים. בעמוד זה מופיעים שמות של רחובות מן ההיסטוריה היהודית.

- **תרגיל ח1:** הילדים יכולים לספר על הדמויות בשלטים.

*אפשר להסב את תשומת לב הילדים לשפות של השלטים - עברית, ערבית ואנגלית.

שָׁבוּעוֹת - חַג מַתַּן תּוֹרָה

א. סַלֵּינוּ / מִילִים: לֵוִין קִיפְּנִיס הַלַּחַן: יְדִידְיָה אַדְמוֹן

סַלֵּינוּ עַל כְּתֵפֵינוּ,
רָאשֵׁינוּ עֲטוּרִים,
מִקְּצוֹת הָאָרֶץ בָּאנוּ,
הֵבֵאנוּ בִּכּוּרִים.
מִיהוּדָה, מִשּׁוֹמְרוֹן,
מִן הָעֵמֶק וְהַגָּלִיל.
פַּנּוּ דֶּרֶךְ לָנוּ,
בִּכּוּרִים אִתָּנוּ,
הַךְ בַּתֹּף וְהַךְ בֶּחָלִיל!

למורה:
פרק זה מוקדש לשבועות - חג מתן תורה. יש בו שיר לזמרה (א), קטע על מנהגי החג (ב), מתכון (ג), מפת ישראל כהכנה לסיפור (ד) וסיפור על ריב ההרים (ה).

כדאי לשיר את השיר "סלינו" עם הילדים בכיתה. אפשר לרקוד את הריקוד כאילו מביאים ביכורים. התוכן של השיר קשור להבאת הביכורים.

ב. מִמִּנְהֲגֵי הֶחָג

קוראים

(א) אוֹכְלִים מַאַכְלֵי חָלָב.

לָמָּה?

כִּי הַתּוֹרָה דּוֹמָה לְחָלָב וּדְבַשׁ. חַג הַשָּׁבוּעוֹת הוּא חַג מַתַּן תּוֹרָה.

(ב) מְקַשְּׁטִים אֶת בֵּית הַכְּנֶסֶת וְאֶת הַבַּיִת בְּיֶרֶק וּבִפְרָחִים אוֹ בִּפְרָחִים מִנְּיָר.

לָמָּה?

הָאַגָּדָה מְסַפֶּרֶת: כַּאֲשֶׁר אֱלוֹהִים נָתַן אֶת הַתּוֹרָה עַל הַר סִינַי, כׇּל הָהָר הִתְכַּסָּה בְּיֶרֶק וּבִפְרָחִים.

ג. אֵיךְ מְכִינִים עוּגַת גְּבִינָה?

קוראים

הַחוֹמָרִים:

1 חֲבִילַת בִּיסְקְוִויטִים

1 קוּפְסַת גְּבִינָה שְׁמֵנָה

4 כַּפּוֹת רִיבָּה

$\frac{1}{2}$ כּוֹס חָלָב

2 כַּפּוֹת אַבְקַת סוּכָּר

בְּתֵאָבוֹן!

אוֹפֶן הַהֲכָנָה:

1. שָׂמִים בִּיסְקְוִויטִים בְּתַבְנִית.
2. מַרְטִיבִים אֶת הַבִּיסְקְוִויטִים בְּ-$\frac{1}{4}$ כּוֹס חָלָב.
3. מְעַרְבְּבִים בְּצַלַּחַת אֶת הַגְּבִינָה וְאֶת הָרִיבָּה.
4. שָׂמִים אֶת הַגְּבִינָה וְהָרִיבָּה עַל הַבִּיסְקְוִויטִים.
5. שָׂמִים בִּיסְקְוִויטִים עַל הַגְּבִינָה.
6. מַרְטִיבִים אֶת הַבִּיסְקְוִויטִים בְּ-$\frac{1}{4}$ כּוֹס חָלָב.
7. שָׂמִים אַבְקַת סוּכָּר עַל הַבִּיסְקְוִויטִים.
8. שָׂמִים אֶת הָעוּגָה בַּמְּקָרֵר.

למורה:

ב: אין יודעים בדיוק את המקור למנהג אכילת מאכלי חלב ולקישוט בירק. יש לכך הסברים שונים. ניתן כאן הסבר אחד לכל מנהג. כדאי להסביר זאת לילדים ואולי להציע להם לתת הסבר משלהם, או לשאול בני משפחה או חברי קהילה על הסברים שקיבלו בילדותם. שוחחו על ההסברים השונים שהילדים מביאים. אפשר לתלות את ההסברים על הקיר בכיתה.

שימו לב לתבנית המשפט הסתמי: **אוכלים**, **מקשטים**, כאשר מדובר במנהג, חשוב מה עושים ולא מי עושה (נושא המשפט).

ג: אפשר להכין את העוגה בכיתה. הילדים קוראים את ההוראות לפי התור ומבצעים אותן. הילדים יכולים להביא מהבית מתכונים נוספים.

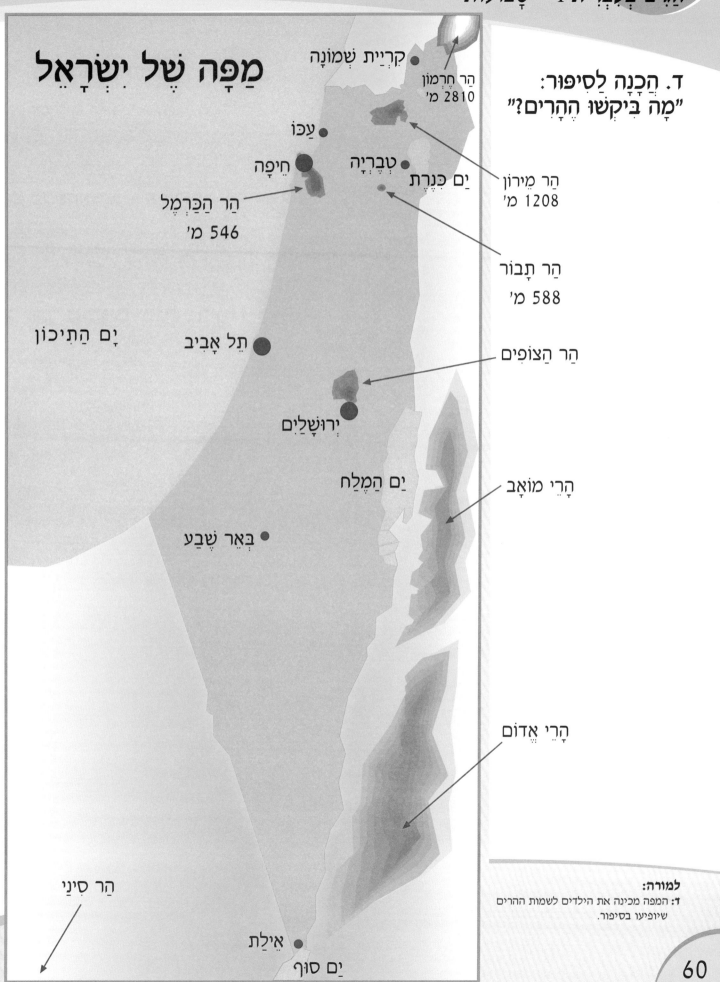

ד. הֲכָנָה לַסִיפּוּר:
"מָה בִּיקְשׁוּ הֶהָרִים?"

מַפָּה שֶׁל יִשְׂרָאֵל
קִרְיַית שְׁמוֹנָה
הַר חֶרְמוֹן
2810 מ'
עַכּוֹ
חֵיפָה
טְבֶרְיָה
יַם כִּנֶּרֶת
הַר הַכַּרְמֶל
546 מ'
הַר מֵירוֹן
1208 מ'
הַר תָּבוֹר
588 מ'
יָם הַתִּיכוֹן
תֵּל אָבִיב
הַר הַצּוֹפִים
יְרוּשָׁלַיִם
יַם הַמֶּלַח
הָרֵי מוֹאָב
בְּאֵר שֶׁבַע
הָרֵי אֱדוֹם
הַר סִינַי
אֵילַת
יַם סוּף

למורה:
ד: המפה מכינה את הילדים לשמות ההרים שיופיעו בסיפור.

1. מָה יוֹתֵר גָּבוֹהַ? כותבים

הִסְתַּכְּלוּ בֶּהָרִים שֶׁבַּמַּפָּה בְּעַמּוּד 60 וְכִתְבוּ אֶת הַתְּשׁוּבוֹת.

מָה יוֹתֵר גָּבוֹהַ - הַר חֶרְמוֹן אוֹ הַר מֵירוֹן?

_____

מָה יוֹתֵר גָּבוֹהַ - הַר הַצּוֹפִים אוֹ הַר הַכַּרְמֶל?

_____

מָה יוֹתֵר גָּבוֹהַ - הַר מֵירוֹן אוֹ הַר תָּבוֹר?

_____

מְטַיְּלִים עַל הַר הַכַּרְמֶל.

2. מָה קָרוֹב יוֹתֵר? מקיפים

הִסְתַּכְּלוּ בַּמַּפָּה. סַמְּנוּ בְּעִיגוּל אֶת הַתְּשׁוּבָה הַנְּכוֹנָה.

הַר הַכַּרְמֶל קָרוֹב יוֹתֵר   לְתֵל אָבִיב
   (לְחֵיפָה)
   לִירוּשָׁלַיִם

יָם הַמֶּלַח קָרוֹב יוֹתֵר   לְהַר הַכַּרְמֶל
   לְהַר הַצּוֹפִים
   לְהַר תָּבוֹר

הַר חֶרְמוֹן קָרוֹב יוֹתֵר   לְיַם כִּינֶרֶת
   לַיָּם הַתִּיכוֹן
   לְיַם הַמֶּלַח

יָם כִּינֶרֶת קָרוֹב יוֹתֵר   לְטַבֶרְיָה
   לְחֵיפָה
   לְתֵל אָבִיב

למורה:
- **תרגילים 1-2ד:** הילדים יבינו את התשובה הנכונה על פי המפה.
הילדים יכולים לבחור שם של נקודה במפה ולשאול עליה את חבריהם לפי הדוגמה:
_____ קרוב יותר ל_____ או ל_____ ?
*אפשר להשתמש במפה זו גם כאשר מלמדים את הפרק "ישראל" בעמודים הקודמים.

ה . מַה בִּיקְשׁוּ הֶהָרִים?

קוראים

כַּאֲשֶׁר אֱלוֹהִים רָצָה לָתֵת אֶת הַתּוֹרָה לְעַם יִשְׂרָאֵל בָּאוּ כָּל הֶהָרִים וְשָׁאֲלוּ:
עַל אֵיזֶה הַר אֱלוֹהִים רוֹצֶה לָתֵת אֶת הַתּוֹרָה?
כָּל הַר בִּיקֵּשׁ מֵאֱלוֹהִים: תֵּן אֶת הַתּוֹרָה עָלַי - רַק עָלַי. אֲנִי מַתְאִים יוֹתֵר מִכָּל הֶהָרִים.
בָּא הַר הַכַּרְמֶל וְאָמַר: אֲנִי תָּמִיד יָרוֹק. מִכָּאן, מֵהַכַּרְמֶל, אֶפְשָׁר לִרְאוֹת אֶת הַיָּם הַתִּיכוֹן.
הַר הַכַּרְמֶל בִּיקֵּשׁ מֵאֱלוֹהִים: תֵּן אֶת הַתּוֹרָה עָלַי - רַק עָלַי. אֲנִי מַתְאִים יוֹתֵר מִכָּל הֶהָרִים.
בָּא הַר חֶרְמוֹן וְאָמַר: אֲנִי הָהָר שֶׁל הַשֶּׁלֶג. אֲנִי גָּבוֹהַּ מְאוֹד. מִכָּאן, מֵהַחֶרְמוֹן, אֶפְשָׁר לִרְאוֹת אֶת הַכִּינֶּרֶת.
הַר חֶרְמוֹן בִּיקֵּשׁ מֵאֱלוֹהִים: תֵּן אֶת הַתּוֹרָה עָלַי - רַק עָלַי. אֲנִי מַתְאִים יוֹתֵר מִכָּל הֶהָרִים.
בָּא הַר הַצּוֹפִים וְאָמַר: אֲנִי הָהָר שֶׁל יְרוּשָׁלַיִם. אֲנִי חָשׁוּב מְאוֹד. מִכָּאן, מֵהַר הַצּוֹפִים, אֶפְשָׁר לִרְאוֹת אֶת יַם הַמֶּלַח.
הַר הַצּוֹפִים בִּיקֵּשׁ מֵאֱלוֹהִים: תֵּן אֶת הַתּוֹרָה עָלַי - רַק עָלַי. אֲנִי מַתְאִים יוֹתֵר מִכָּל הֶהָרִים.
בָּא גַּם הַר תָּבוֹר וּבִיקֵּשׁ: אֱלוֹהִים, תֵּן אֶת הַתּוֹרָה עָלַי - רַק עָלַי.
בָּאוּ גַּם הַר מֵירוֹן וְהַר הַזֵּיתִים.
כָּל הַר בִּיקֵּשׁ: אֱלוֹהִים, תֵּן אֶת הַתּוֹרָה רַק עָלַי, אֲנִי מַתְאִים.
הַר סִינַי בָּא אַחֲרוֹן וְאָמַר: אֲנִי הָהָר שֶׁל הַמִּדְבָּר. אֲנִי לֹא יָרוֹק, אֲנִי לֹא גָּבוֹהַּ וַאֲנִי לֹא חָשׁוּב. מִכָּאן, מֵהַר סִינַי אֶפְשָׁר לִרְאוֹת רַק מִדְבָּר וּמִדְבָּר.
אֱלוֹהִים שָׁמַע אֶת כָּל הֶהָרִים וְאָמַר: אֲנִי בּוֹחֵר אֶת הַר סִינַי הַצָּנוּעַ - הָהָר שֶׁל הַמִּדְבָּר.
אֲנִי רוֹצֶה לָתֵת אֶת הַתּוֹרָה עַל הַר סִינַי.

עיבוד חופשי על פי המדרש בבראשית רבא צט

מורה ותלמידים

1. דַּבְּרוּ בַּכִּיתָה: לָמָּה אֱלוֹהִים בּוֹחֵר בְּהַר סִינַי?

למורה:
ה: בפרק זה מודגש התוכן של חג מתן תורה מתוך תכני חג השבועות.
לפני הקריאה כדאי להקנות את המילים החדשות: **מתאים, עלי, תן, חשוב, צנוע, מדבר**. לפני הקריאה כדאי לברר את מקום הכנרת (אגם), הים התיכון וים המלח.
אפשר לקרוא את האגדה בתפקידים. אפשר לשאול 3-2 שאלות קצרות לבירור ההבנה כמו: **מה השמות של ההרים בסיפור? מה השם של ההר הכי חשוב בסיפור? מה אפשר לראות מהר הכרמל?**

קוראים

2. לָמָּה אֱלוֹהִים בָּחַר אֶת הַר סִינַי?

קִרְאוּ אֶת הַמִּשְׁפָּטִים. מִתְחוּ קַו בֵּין הַמַּלְבֵּן וּבֵין הֶעָנָן הַמַּתְאִים.

אֱלוֹהִים בָּחַר אֶת הַר סִינַי כִּי...

הַר סִינַי לֹא גָּבוֹהַּ.

הַר סִינַי לֹא עַל יַד יָם.

הַר סִינַי לֹא גַּאַוְותָן.

הַר סִינַי לֹא יָרוֹק.

בְּהַר סִינַי אֵין שֶׁלֶג.

אֲנִי גָּדוֹל, אֲנִי יָפֶה, אֲנִי לֹא צָנוּעַ, אֲנִי גַּאַוְותָן.

*גַּאַוְותָן = לֹא צָנוּעַ

3. קִרְאוּ אֶת הַמִּשְׁפָּטִים.

סַמְּנוּ בַּמִּשְׁבֶּצֶת הַמַּתְאִימָה כֵּן אוֹ לֹא (לְפִי הַסִּיפּוּר "מָה בִּקְשׁוּ הֶהָרִים?" עַמּוּד 62).

אֱלוֹהִים בּוֹחֵר אֶת הַר חֶרְמוֹן. ☐

אֱלוֹהִים בּוֹחֵר אֶת הַר סִינַי. ☐

הַר הַכַּרְמֶל הוּא בִּירוּשָׁלַיִם. ☐

הַר הַצּוֹפִים הוּא בִּירוּשָׁלַיִם. ☐

עַל הַר חֶרְמוֹן יֵשׁ שֶׁלֶג. ☐

הַר סִינַי הוּא בַּמִּדְבָּר. ☐

הַר הַצּוֹפִים אוֹמֵר: אֲנִי יָרוֹק. ☐

כָּל הַר אוֹמֵר: אֲנִי מַתְאִים יוֹתֵר מִכּוּלָּם. ☐

מֵהַר סִינַי רוֹאִים אֶת הַיָּם הַתִּיכוֹן. ☐

למורה:

- **תרגיל ה2** הוא תרגיל בהבנת הנקרא. הילדים יקראו את המשפטים ויסמנו את הסיבה לפי האגדה.
- **תרגיל ה3** הוא תרגיל בהבנת הנקרא. הילדים יקראו את המשפטים ויכתבו במשבצת **כן** או **לא** על פי הבנת הסיפור.

*פעילות נוספת בעל פה: אפשר לבקש מן הילדים להציע משפטים נוספים (לפי הסיפור) שהתשובה עליהם היא **כן** או **לא**. ילד אחד מציע והאחרים עונים **כן** או **לא**.

4. אַרְבָּעָה הָרִים

הִסְתַּכְּלוּ בַּטַּבְלָה. סַמְּנוּ ☑ בַּמָּקוֹם הַמַּתְאִים בַּטַּבְלָה.

	גַּאַוְתָן	יָרוֹק	חָשׁוּב	צָנוּעַ	מֵהָהָר הַזֶּה אֶפְשָׁר לִרְאוֹת רַק מִדְבָּר	מֵהָהָר הַזֶּה אֶפְשָׁר לִרְאוֹת יָם אוֹ אֲגַם
הַר הַכַּרְמֶל						
הַר הַצּוֹפִים						
הַר חֶרְמוֹן						✓
הַר סִינַי						

5. כִּתְבוּ עַל הַר שֶׁאַתֶּם מַכִּירִים.

מותחים קו

שֵׁם הָהָר	מֵהָהָר הַזֶּה אֶפְשָׁר לִרְאוֹת
________________	________________________________
________________	________________________________

6. הַצִּיגוּ אֶת הַסִּיפּוּר בַּכִּיתָּה.

מציגים

הַמִּשְׁתַּתְּפִים: הַמְסַפֵּר, הַר הַכַּרְמֶל, הַר חֶרְמוֹן, הַר סִינַי,
הַר הַצּוֹפִים, הַר תָּבוֹר, הַר הַזֵּיתִים, הַר מֵירוֹן.

למורה:

- **תרגיל ה4:** הבנת הנקרא והשוואת הפרטים מתוך הסיפור (הכינרת היא אגם).
- **תרגיל ה5:** הילדים יכתבו פרטים על הר שהם מכירים בארץ שלהם, או על הר שלמדו עליו.
- **תרגיל ה6:** הבעה בעל פה - הצגת הסיפור על ידי הילדים. הילדים יכולים להוסיף משפטים מדמיונם.

*__הצעה למשחק__ לפי הטבלה ב**תרגיל 4**: המורים יכינו טבלה גדולה על הלוח או על הרצפה. רצוי שכל 24 המשבצות יהיו זהות בגודלן (בגודל של כרטיסייה גדולה). אפשר לשלב את הילדים בהכנת המשחק. הכינו 24 כרטיסיות. בכל כרטיסייה כתבו משפט מתאים למיקומה בטבלה, למשל:

הר הכרמל גאוותן.	מהר הצופים אפשר לראות לא רק מדבר.	מהר סיני אי אפשר לראות ים או אגם.	הר החרמון לא תמיד ירוק (הוא לבן).

מניחים את הכרטיסיות הפוכות זו על זו בערמה. כל ילד או ילדה בתורם לוקחים כרטיסייה, קוראים אותה ומצמידים אותה למשבצת המתאימה בטבלה. ילד שהכרטיסייה שלו מסיימת טור או שורה מקבל 2 נקודות. אפשר לארגן את הילדים בקבוצות. קבוצה שזכתה במספר הנקודות הגדול ביותר מנצחת.